# La Guía Portátil de
# ACORDES
# ILUSTRADOS
## — PARA TODO GUITARRISTA —
## A COLOR

S0-BCA-583

**Amsco Publications**
*an imprint of the* **Music Sales** *Publishing Group*
NEW YORK/LONDON/PARIS/SYDNEY/TOKYO/COPENHAGEN/MADRID/BERLIN

Editor del Proyecto: Felipe Orozco
Fotografía por Randall Wallace
Diseño gráfico por Mark Bridges

Número de Pedido. AM 982146
US International Standard Book Number: 0.8256.3370.2

Distribuidores Exclusivos:
Music Sales Corporation
257 Park Avenue South, New York, NY 10010 USA
Music Sales Limited
8/9 Frith Street, London W1D 3JB England
Music Sales Pty. Limited
120 Rothschild Street, Rosebery, Sydney, NSW 2018, Australia

*Impreso en los Estados Unidos de America por
Vicks Lithograph and Printing Corporationn*

# Como usar este libro

## Diagramas de los Acordes

Los diagramas que se usan para ilustrar los acordes son muy fáciles de leer. Cada diagrama muestra una porción del diapasón de la guitarra. Las líneas verticales representan las cuerdas de la guitarra, las más gruesas ubicadas a la izquierda y las más delgadas a la derecha. Las líneas horizontales representan los trastes. La cejuela de la guitarra se representa con una línea horizontal gruesa en la parte superior del diagrama. Los circulos que aparecen en los diagramas ilustran dónde deberá de poner sus dedos. Una ✖ arriba de la cejuela indica que esa cuerda que no se debe tocar. Un ○ arriba de la cejuela indica que esa cuerda se debe de tocar al aire. Los circulos pequeños representan las notas opcionales.

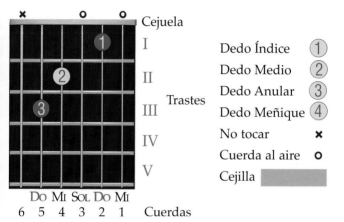

## La Fotografía

La fotografía al lado izquierdo de cada diagrama muestra la posición de la mano en el diapasón. Notará que algunas de las posiciones de los dedos en las fotos se encuentran ubicadas un poco a la derecha o izquierda del cuadro. Esto le facilitará observar la proximidad del acorde en relación a la cejuela o el doceavo traste. Lo anterior ayuda a reconocer a simple vista la posición en el diapasón. Aunque las fotografías son una referencia visual, no todos los dedos que aparecen en estas están en posición correcta. En algunas instancias, hemos movido los dedos *que no se usan* para mostrar de manera más exacta la digitación de los dedos que forman el acorde. Por ejemplo, en el siguiente acorde los dedos medio y anular **no se deben doblar** por debajo del mástil (como aparecen en la fotografía), sino que deben estar relajados, extendiendose por encima del diapasón. Asegúrese de que sus dedos estén relajados, en una posición cómoda y que pueda moverlos fácilmente de un acorde a otro.

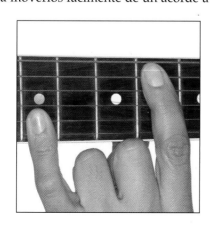

# Nombres de los Acordes

La siguiente tabla le ayudará a entender el significado de l
nomenclatura usada en este libro. La columna d
"Símbolos Alternativos" contiene diferentes nombres y ter
minología que se usa en otros libros y partituras par
escribir y/o nombrar los acordes aquí usados.

| Símbolos en este libro | Nombre del Acorde | Símolos Alternativos |
|---|---|---|
| | major | M, Maj |
| m | menor | min, - |
| 6 | sexta mayor | Maj 6, M6 |
| m6 | sexta menor | min 6, -6 |
| $^6_9$ | mayor con sexta y novena | 6(add9), Maj6(add9), M6(add9) |
| maj7 | séptima mayor | M7, $\Delta$7, $\overline{7}$ |
| 7 | séptima dominante | dom7 |
| 7$\flat$5 | dominante con quinta disminuída | 7($\flat$5), 7(-5) |
| 7+ | dominante con quinta aumentada | +7, 7$\sharp$5, 7(+5), aug7 |
| m7 | séptima menor | min7, -7 |
| m(maj7) | menor con séptima mayor | m(M7), min(Maj7), m(+7), -(M7), min(addM7), m$\overline{7}$ |
| m7$\flat$5 | semi-disminuido con séptima | $^\circ$7, $^1/_2$dim7, m7(-5) |
| $^\circ$7 | séptima disminuida | $^\circ$, dim, dim7 |
| 9 | novena | 7(add9) |
| 9$\flat$5 | novena con quinta disminuida | 9(-5) |
| 9+ | novena con quinta aumentada | +9, 9$\sharp$5, 9(+5), aug9 |
| maj9 | novena mayor | M9, $\Delta$9, Maj7(add9), M7(add9) |
| m9 | novena menor | min9, m7(add9), -7(add9) |
| m11 | oncena menor | min11, m7(add11), -7(add11) |
| 13 | trecena dominante | 7(add13), 7(add6), $^7_6$ |
| maj13 | trecena mayor | M13, $\Delta$13, Maj7(add13), M7(add13), M7(add6), Maj $^7_6$ |
| m13 | trecena menor | min13, -13, m7(add13), -7(add13), m7(add6), m $^7_6$ |
| sus4 | cuarta suspendida | sus, (sus4) |
| 7sus4 | dominante con cuarta suspendida | 7$^{(sus4)}$ |
| 9sus4 | novena con cuarta suspendida | 7$^{(sus4)}_{(sus2)}$ |

4

# C

Do

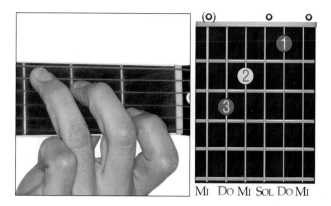

Mi Do Mi Sol Do Mi

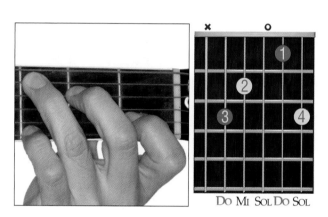

Do Mi Sol Do Sol

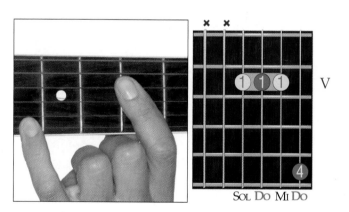

V

Sol Do Mi Do

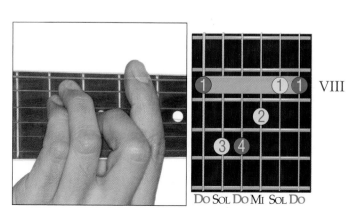

VIII

Do Sol Do Mi Sol Do

**Do** C

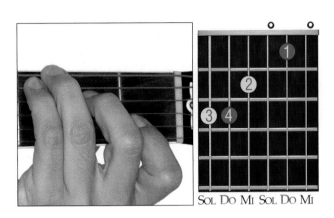

SOL DO MI SOL DO MI

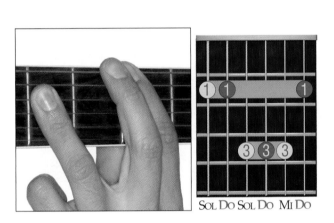

SOL DO SOL DO MI DO

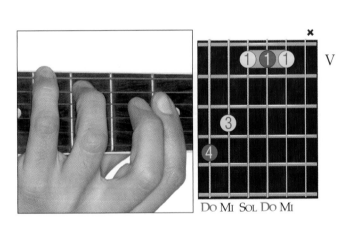

V

DO MI SOL DO MI

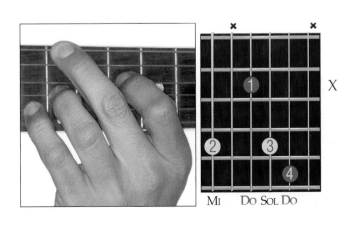

X

MI DO SOL DO

# Csus4

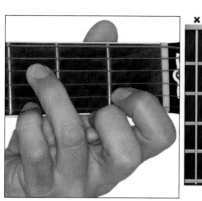

FA SOL DO SOL

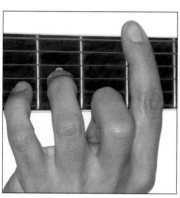

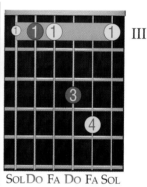

III

SOL DO FA DO FA SOL

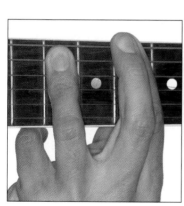

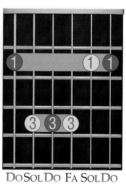

VIII

DO SOL DO FA SOL DO

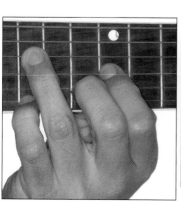

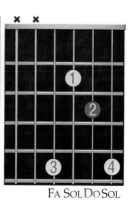

XII

FA SOL DO SOL

# C6

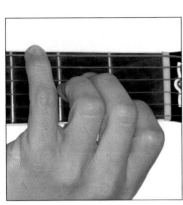
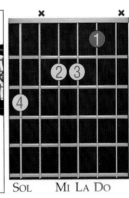

SOL    MI LA DO

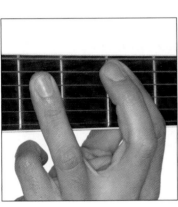
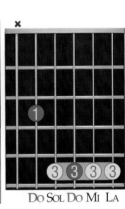

DO SOL DO MI LA

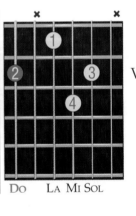

VIII

DO    LA MI SOL

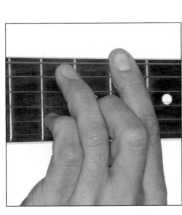
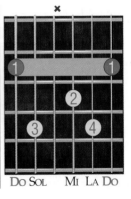

VIII

DO SOL   MI LA DO

# C$^6_9$

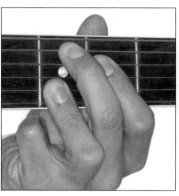

DO MI LA RE SOL

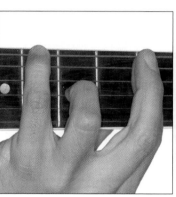

V

DO    SOL RE MI LA

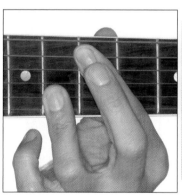

VII

MI LA RE SOL DO

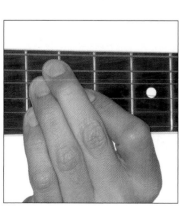

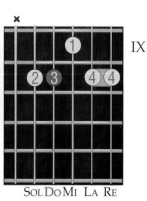

IX

SOL DO MI LA RE

# Cmaj7

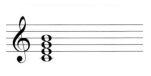

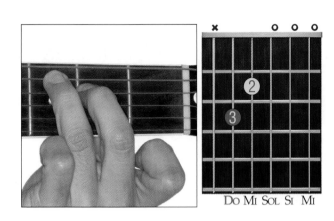

Do Mi Sol Si Mi

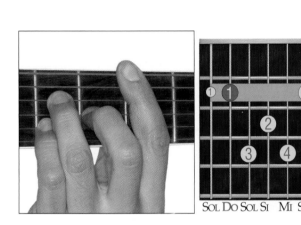

Sol Do Sol Si Mi Sol

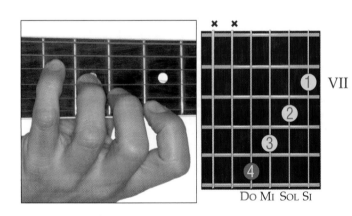

VII

Do Mi Sol Si

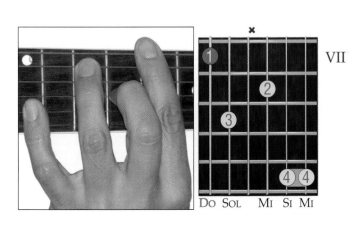

VII

Do Sol Mi Si Mi

# Cmaj9

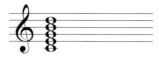

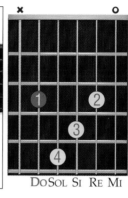

Do

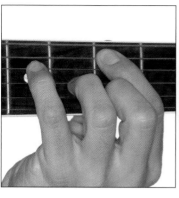

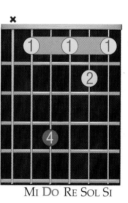

Do Sol Si Re Mi

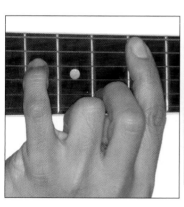

VII

Mi Do Re Sol Si

# Cmaj13

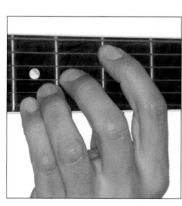

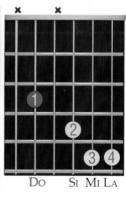

Do Si Mi La

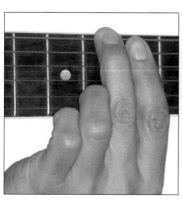

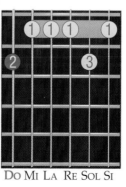

VII

Do Mi La Re Sol Si

11

# Cm

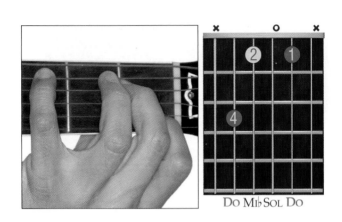

Do Mi♭ Sol Do

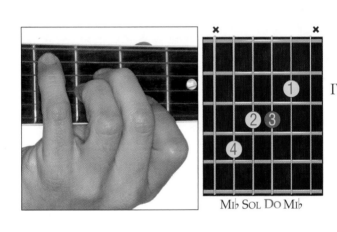

IV

Mi♭ Sol Do Mi♭

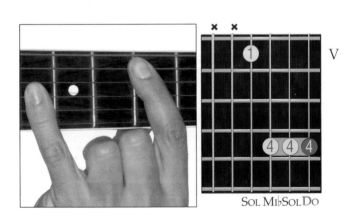

V

Sol Mi♭ Sol Do

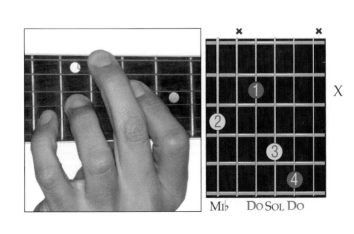

X

Mi♭  Do Sol Do

# Cm

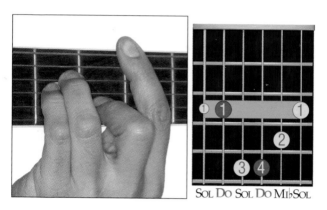

SOL DO SOL DO MI♭ SOL

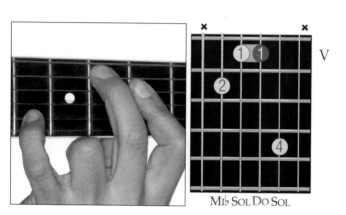

V

MI♭ SOL DO SOL

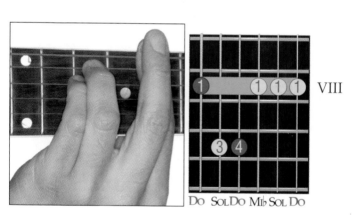

VIII

DO SOL DO MI♭ SOL DO

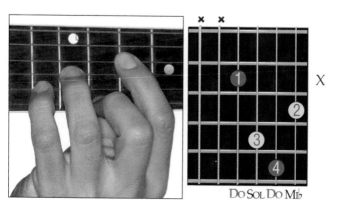

X

DO SOL DO MI♭

# Cm6

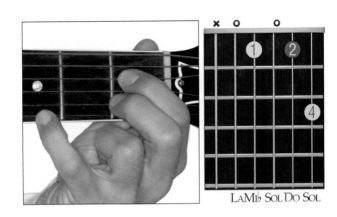

La Mi♭ Sol Do Sol

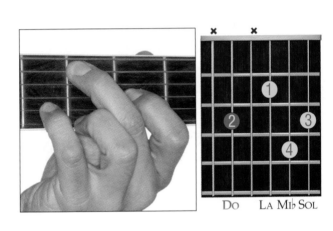

Do     La Mi♭ Sol

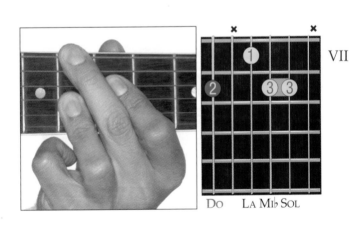

VII

Do     La Mi♭ Sol

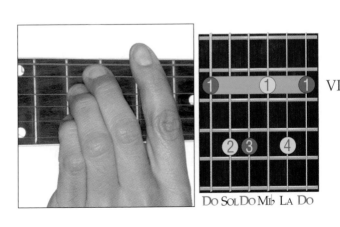

VII

Do Sol Do Mi♭ La Do

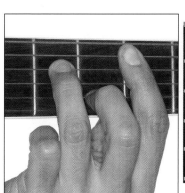
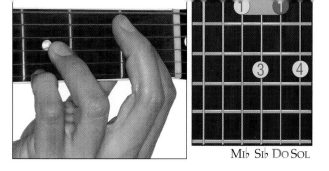

Mi♭ Si♭ Do Sol

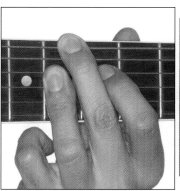

Do Sol Si♭ Mi♭ Sol

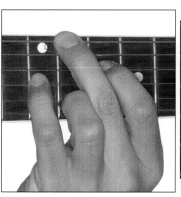
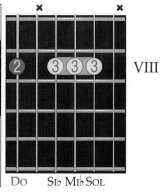

VIII

Do    Si♭ Mi♭ Sol

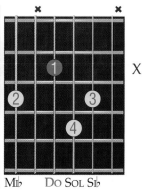

X

Mi♭    Do Sol Si♭

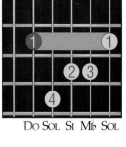

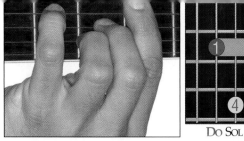

Do Sol Si Mib Sol

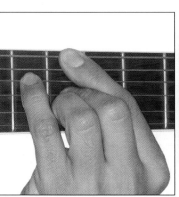

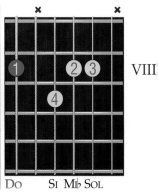

VIII

Do Si Mib Sol

# Cm9

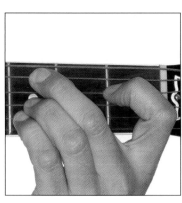

Do Mib Sib Re

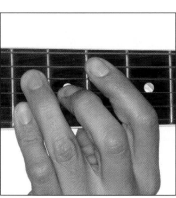

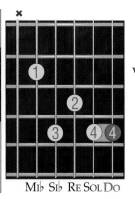

VI

Mib Sib Re Sol Do

16

# Cm11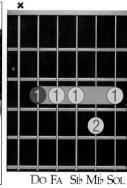

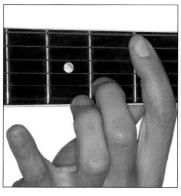

Do Fa Sib Mib Sol

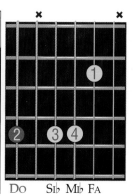

VI

Do Sib Mib Fa

# Cm13

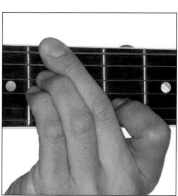

Do Sib Mib La

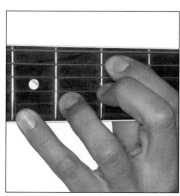

VIII

Do Sol Sib Mib La Do

# Cm7♭5

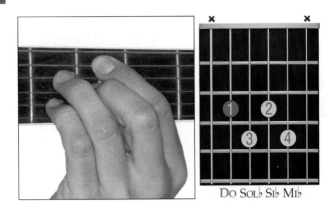

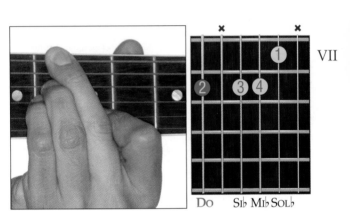

Do Sol♭ Si♭ Mi♭

VII

Do   Si♭ Mi♭ Sol♭

# C°7

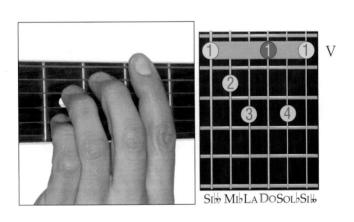

Si♭♭ Mi♭ La Do Sol♭ Si♭♭

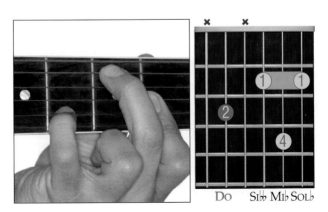

Do   Si♭♭ Mi♭ Sol♭

# C7

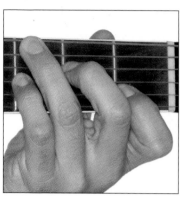
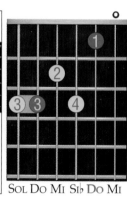

Sol Do Mi Sib Do Mi

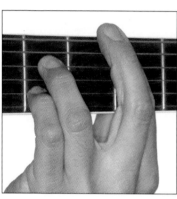
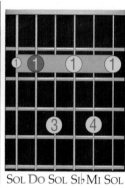

Sol Do Sol Sib Mi Sol

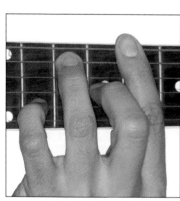
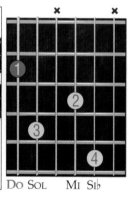

VIII

Do Sol    Mi Sib

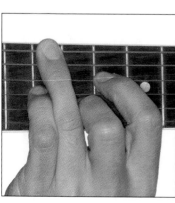
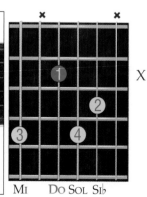

X

Mi    Do Sol Sib

# C7

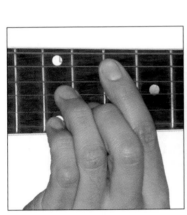
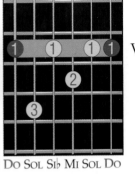

VIII

Do Sol Sib Mi Sol Do

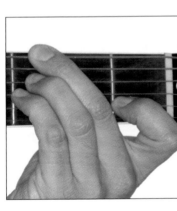

X

Sol Do Sol Sib Mi

# C7sus4

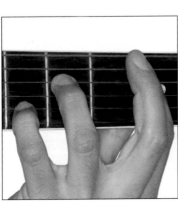
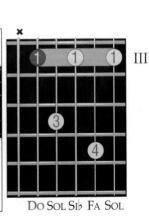

Sol    Fa Sib Do

III

Do Sol Sib Fa Sol

# C7b5

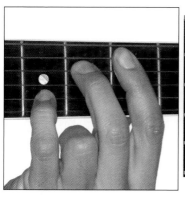

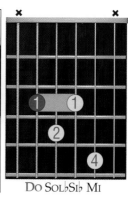

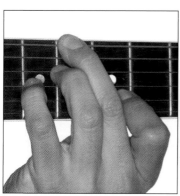

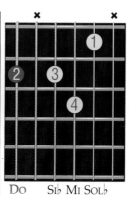

Do Sol♭ Si♭ Mi

VII

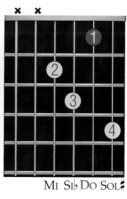

Do    Si♭ Mi Sol♭

# C7<sup>+</sup>

Mi Si♭ Do Sol♯

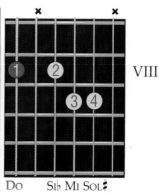

VIII

Do    Si♭ Mi Sol♯

21

# C9

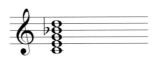

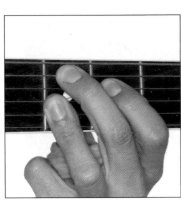
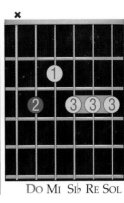

Do Mi Si♭ Re Sol

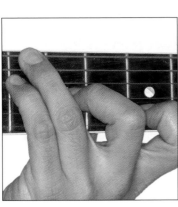
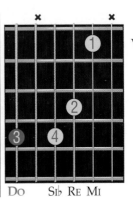

V

Do    Si♭ Re Mi

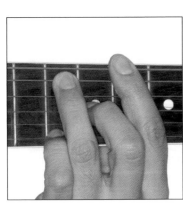

VIII

Do Sol Si♭ Mi Sol Re

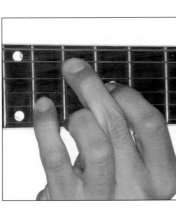
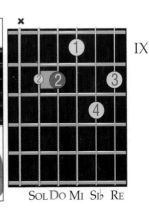

IX

Sol Do Mi Si♭ Re

# C9sus4

Do

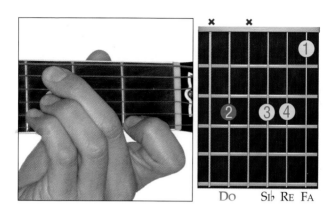

Do     Si♭ Re Fa

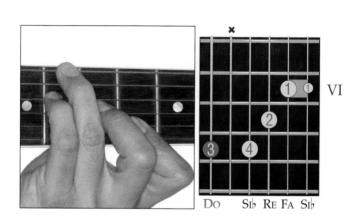

VI

Do     Si♭ Re Fa Si♭

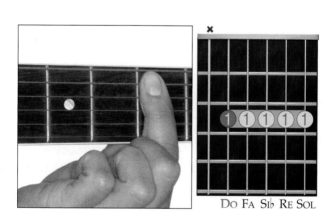

Do Fa Si♭ Re Sol

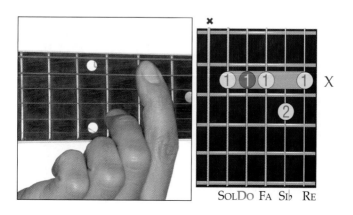

X

Sol Do Fa Si♭ Re

23

# C9♭5

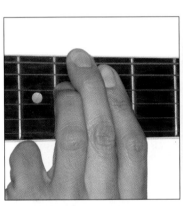

Do Mi Si♭ Re Sol♭

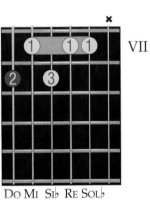

VII

Do Mi Si♭ Re Sol♭

# C9+

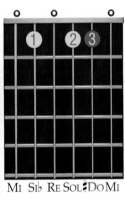

Mi Si♭ Re Sol♯ Do Mi

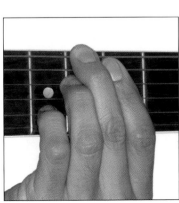

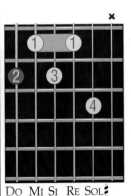

VII

Do Mi Si Re Sol♯

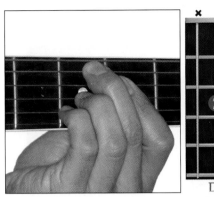

24

# C13

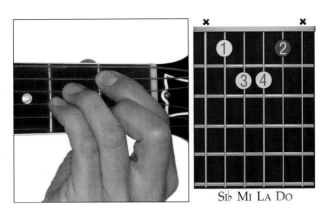

Si♭ Mi La Do

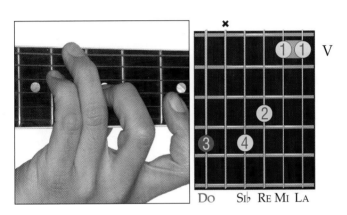

V

Do    Si♭ Re Mi La

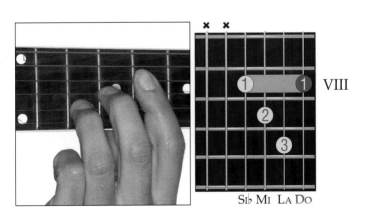

VIII

Si♭ Mi La Do

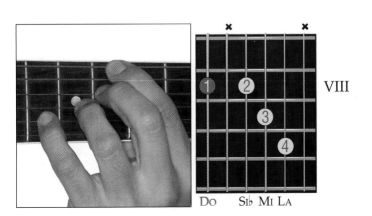

VIII

Do    Si♭ Mi La

25

# C#

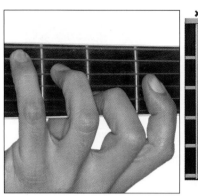

Do# Mi# Sol# Do# Mi#

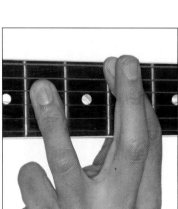
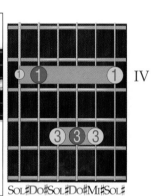

IV

Sol# Do# Sol# Do# Mi# Sol#

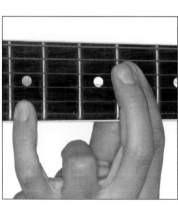
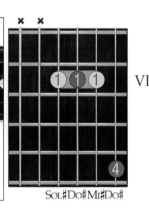

VI

Sol# Do# Mi# Do#

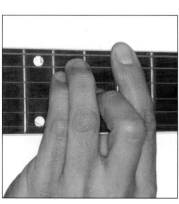
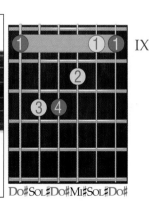

IX

Do# Sol# Do# Mi# Sol# Do#

**Do#**

# C#

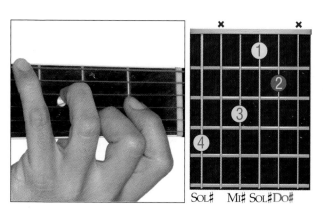

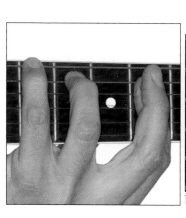

SOL#  MI# SOL#DO#

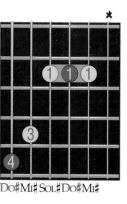

VI

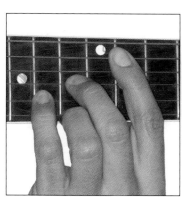

DO#MI#SOL#DO#MI#

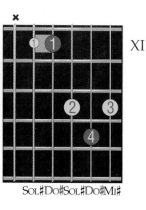

XI

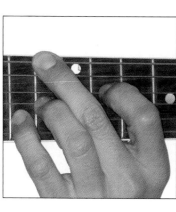

SOL#DO#SOL#DO#MI#

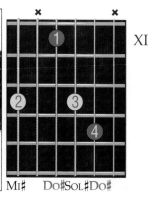

XI

MI#  DO#SOL#DO#

# C#sus4

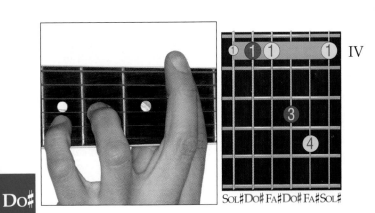

Sol# Do# Fa# Do# Fa# Sol#

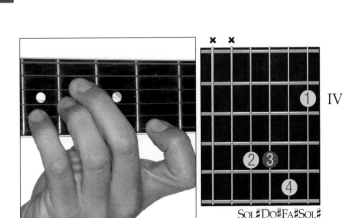

Sol# Do# Fa# Sol#

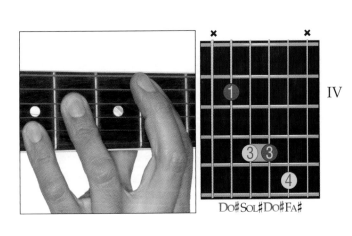

Do# Sol# Do# Fa#

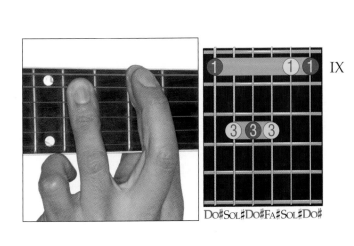

Do# Sol# Do# Fa# Sol# Do#

# C#6

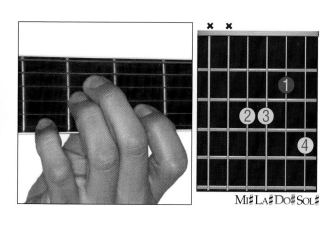

Mi# La# Do# Sol#

Do#

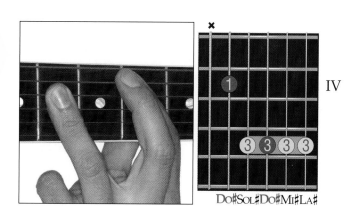

Do# Sol# Do# Mi# La#

IV

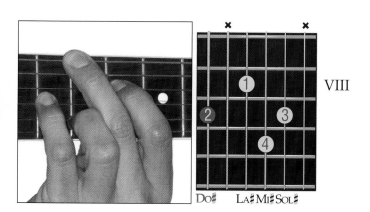

Do# La# Mi# Sol#

VIII

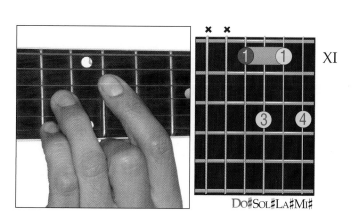

Do# Sol# La# Mi#

XI

29

# C#⁶₉

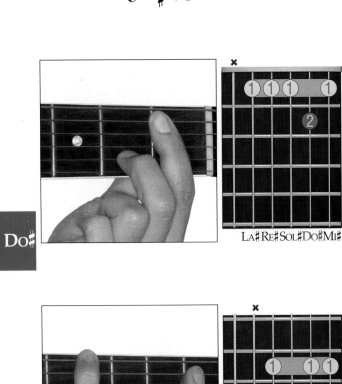

La# Re# Sol# Do# Mi#

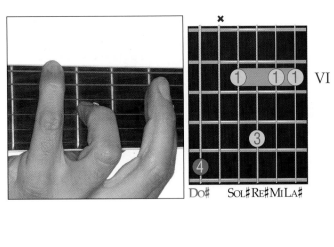

VI

Do# Sol# Re# Mi La#

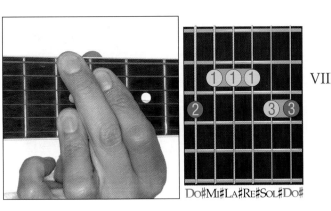

VIII

Do# Mi# La# Re# Sol# Do#

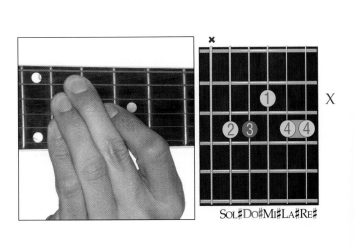

X

Sol# Do# Mi# La# Re#

30

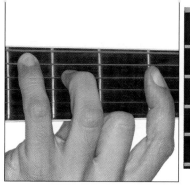
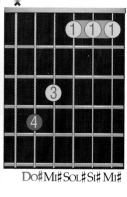

Do# Mi# Sol# Si# Mi#

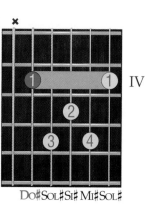

IV

Do# Sol# Si# Mi# Sol#

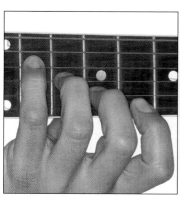
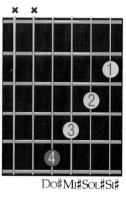

VIII

Do# Mi# Sol# Si#

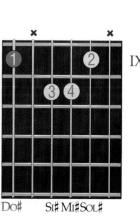

IX

Do#   Si# Mi# Sol#

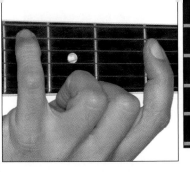

Do#

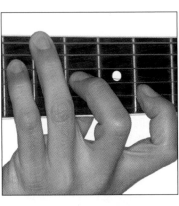

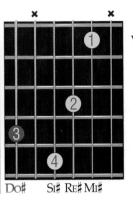

VI

# C#maj13

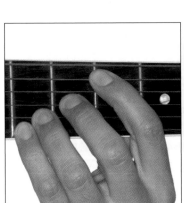

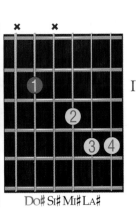

IV

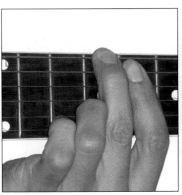

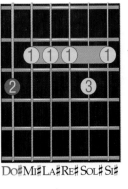

VII

# C#m

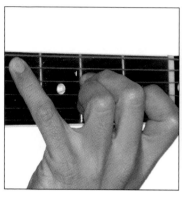
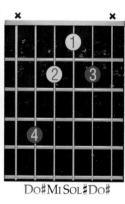

Do#Mi Sol#Do#

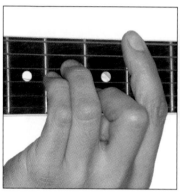
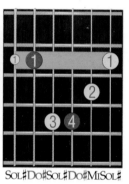

IV

Sol#Do#Sol#Do#MiSol#

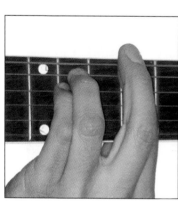
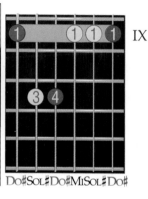

IX

Do#Sol#Do#MiSol#Do#

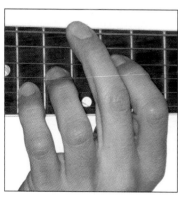
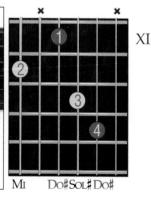

XI

Mi    Do#Sol#Do#

33

# C#m

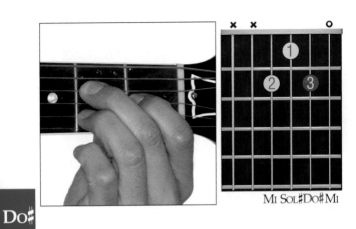

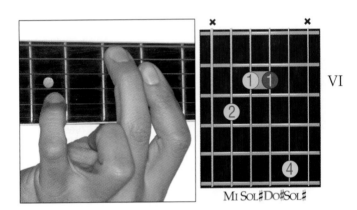

Mi Sol# Do# Mi

**Do#**

VI

Mi Sol# Do# Sol#

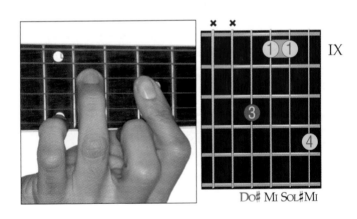

IX

Do# Mi Sol# Mi

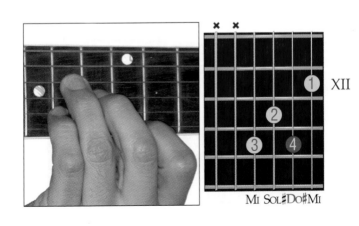

XII

Mi Sol# Do# Mi

# C#m6

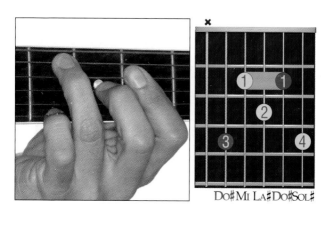

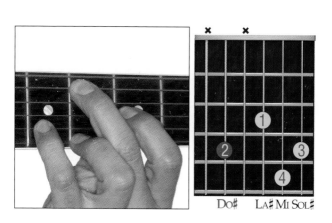

Do# Mi La# Do# Sol#

Do#    La# Mi Sol#

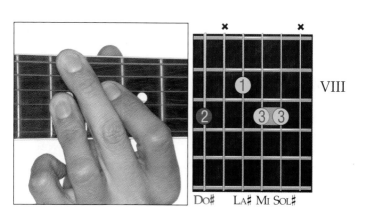

VIII

Do#    La# Mi Sol#

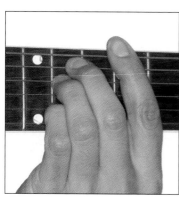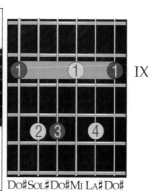

IX

Do# Sol# Do# Mi La# Do#

# C#m7

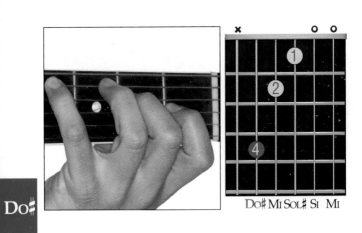

Do# Mi Sol# Si Mi

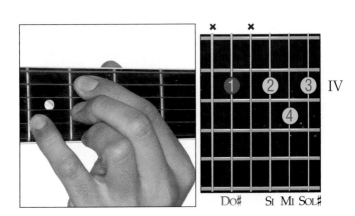

IV

Do# Si Mi Sol#

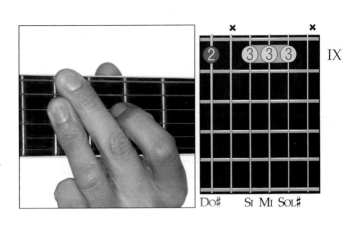

IX

Do# Si Mi Sol#

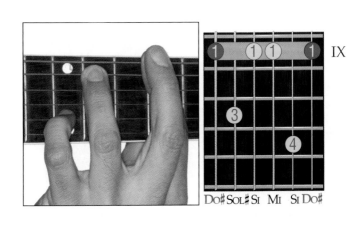

IX

Do# Sol# Si Mi Si Do#

# C#m(maj7)

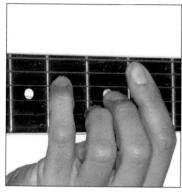
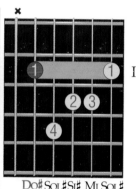

IV

Do# Sol# Si# Mi Sol#

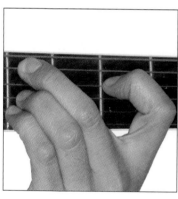
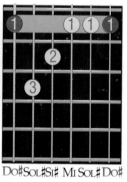

IX

Do# Sol# Si# Mi Sol# Do#

# C#m9

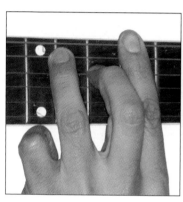
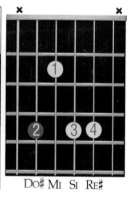

Do# Mi Si Re#

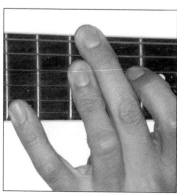

IX

Do#   Si Mi Sol# Re#

# C#m11

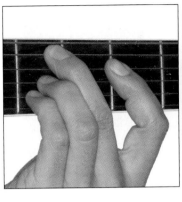

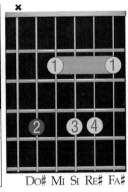

Do♯ Mi Si Re♯ Fa♯

**Do♯**

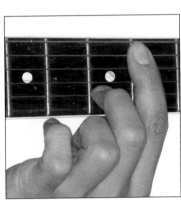

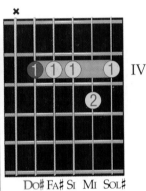

IV

Do♯ Fa♯ Si Mi Sol♯

# C#m13

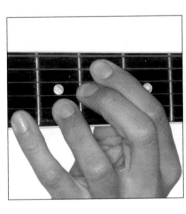

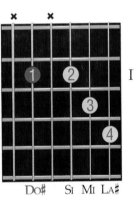

IV

Do♯ Si Mi La♯

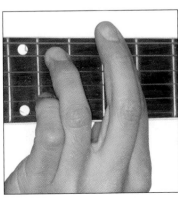

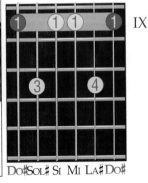

IX

Do♯Sol♯ Si Mi La♯ Do♯

# C#m7♭5

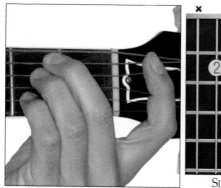

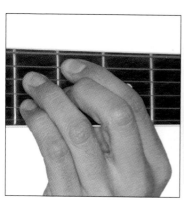

Si Mi Sol Do# Mi

IV

Do# Sol Si Mi

# C#°7

Mi Si♭ Do# Sol

VIII

Do# Si♭ Mi Sol

39

# C#7

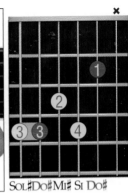

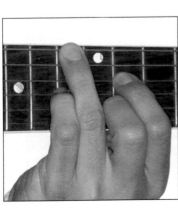

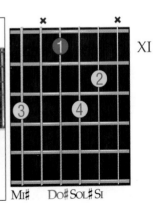

SOL# DO# MI# SI DO#

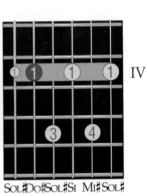

IV

SOL# DO# SOL# SI MI# SOL#

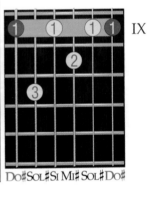

IX

DO# SOL# SI MI# SOL# DO#

XI

MI# DO# SOL# SI

# C#7

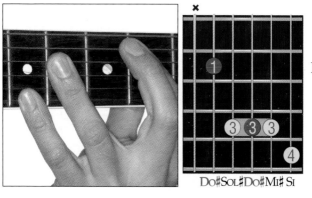

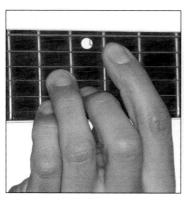

IV

Do# Sol# Do# Mi# Si

Do#

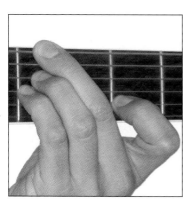

XI

Sol# Do# Sol# Si# Mi#

# C#7sus4

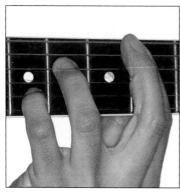

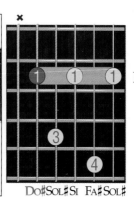

Sol# Fa# Si Do#

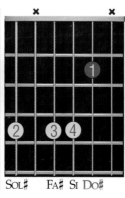

IV

Do# Sol# Si Fa# Sol#

41

# C#7♭5

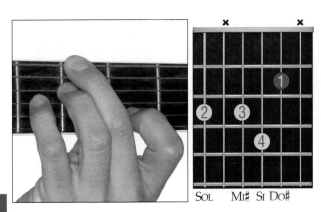

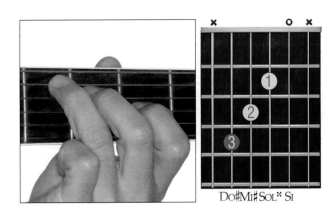

Sol   Mi#  Si  Do#

VIII

Do#      Si  Mi# Sol

# C#7+

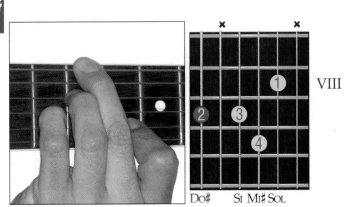

Do#Mi#Sol⁑ Si

IX

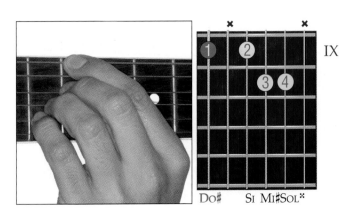

Do#      Si  Mi#Sol⁑

42

# C#9

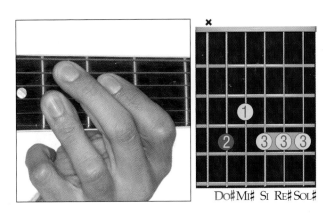

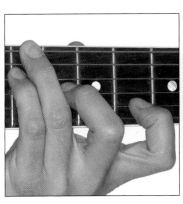

Do# Mi# Si Re# Sol#

**Do#**

VI

Do#   Si Re#Mi#

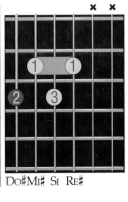

VIII

Do#Mi# Si Re#

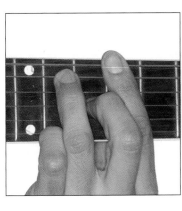

IX

Do#Sol#Si Mi# Sol Re#

43

# C#9sus4

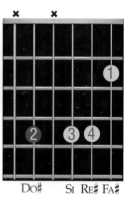

Do#    Si   Re#   Fa#

**Do#**

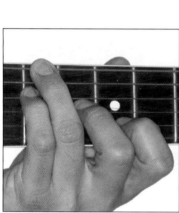

VII

Do#    Si   Re#   Fa#

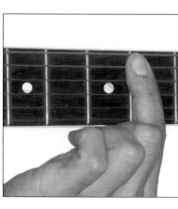
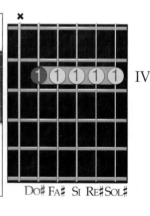

IV

Do#   Fa#   Si   Re#   Sol#

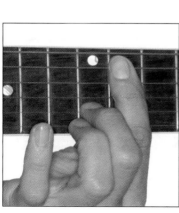
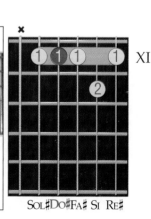

XI

Sol#   Do#   Fa#   Si   Re#

# C#9♭5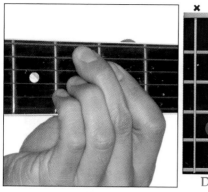

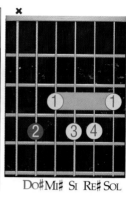

Do#Mi# Si Re# Sol

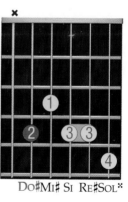

VIII

Do#Mi# Si Re# Sol

# C#9+

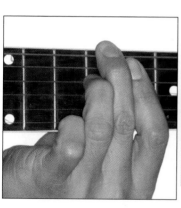

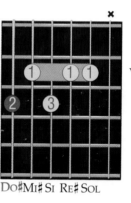

Do#Mi# Si Re#Sol×

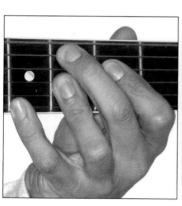

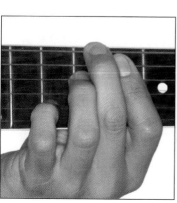

VIII

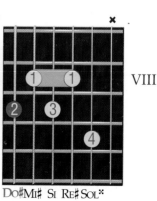

Do#Mi# Si Re#Sol×

# C#13

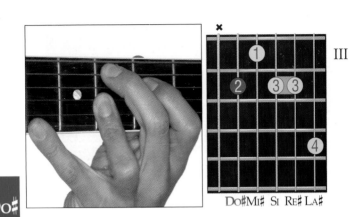

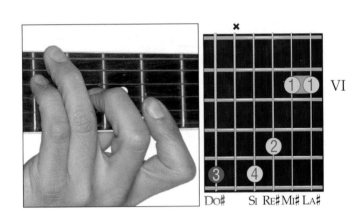

III

Do# Mi# Si Re# La#

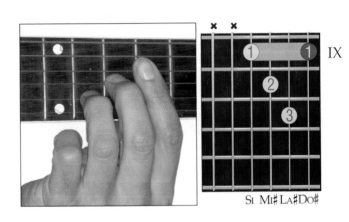

VI

Do# Si Re# Mi# La#

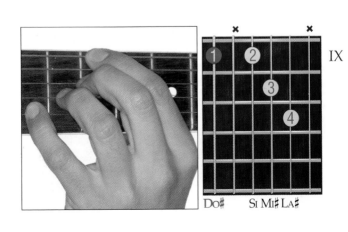

IX

Si Mi# La# Do#

IX

Do# Si Mi# La#

46

# D

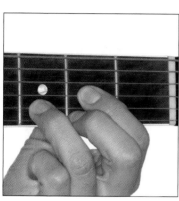

LA RE LA RE FA♯

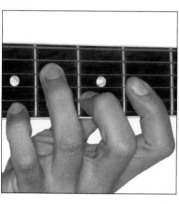

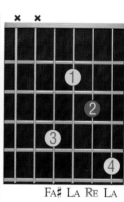

FA♯ LA RE LA

RE

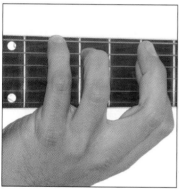

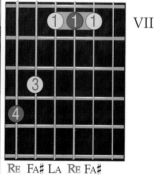

VII

RE FA♯ LA RE FA♯

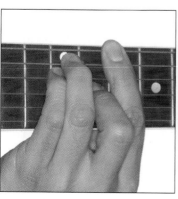

X

RE LA RE FA♯ LA RE

47

# D

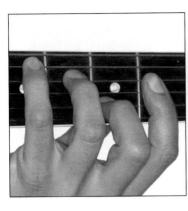

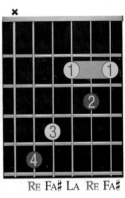

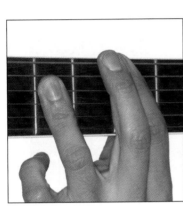

RE FA# LA RE FA#

V

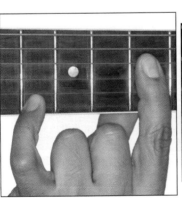

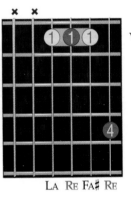

LA RE LA RE FA# LA

VII

LA RE FA# RE

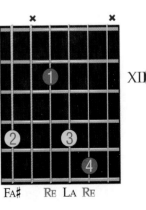

XII

FA# RE LA RE

# Dsus4

RE LA RE SOL

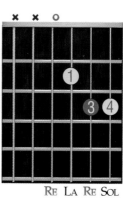

V

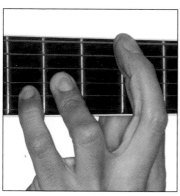

LA RE SOL RE SOL LA

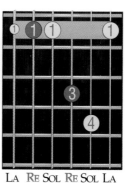

RE

VII

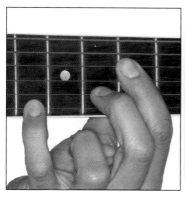

LA RE SOL RE

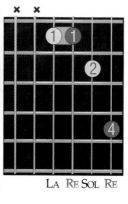

X

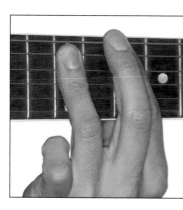

RE LA RE SOL LA RE

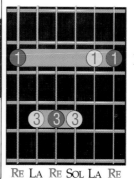

49

# D6

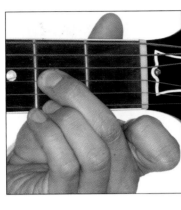

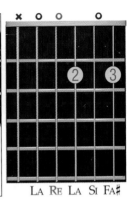
LA RE LA SI FA#

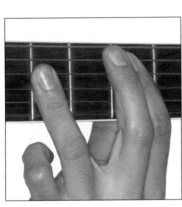

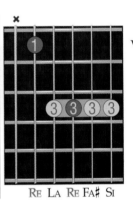
V
RE LA RE FA# SI

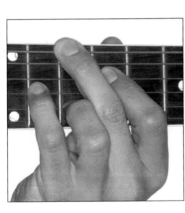

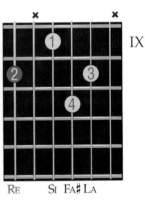
IX
RE SI FA# LA

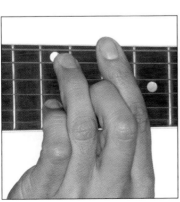

X
RE LA FA# SI RE

# D$^6_9$

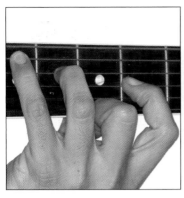

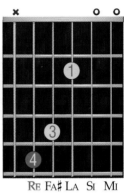

Re Fa♯ La Si Mi

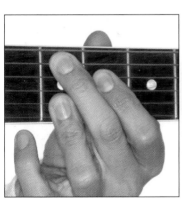

IV

Re Fa♯ Si Mi La

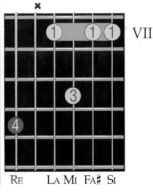

VII

Re    La Mi Fa♯ Si

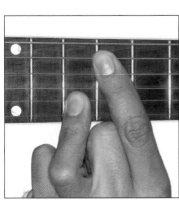

IX

Fa♯ Si Mi La Re

# Dmaj7

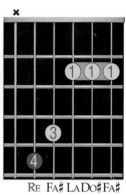

RE FA# LA DO# FA#

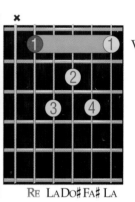

V

RE LA DO# FA# LA

RE

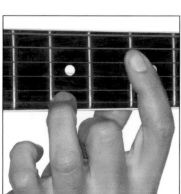

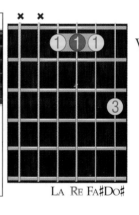

VII

LA RE FA# DO#

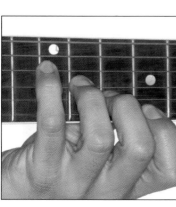

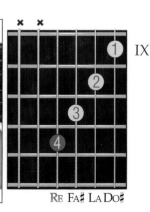

IX

RE FA# LA DO#

# Dmaj9

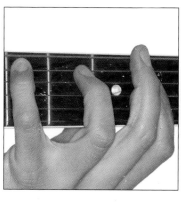

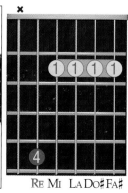

Re Mi La Do# Fa#

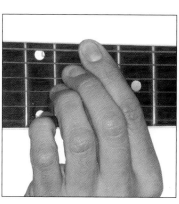

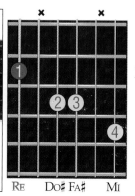

X

Re Do# Fa# Mi

# Dmaj13

Re

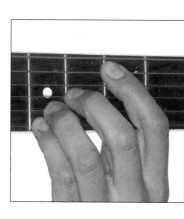

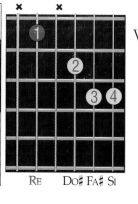

V

Re Do# Fa# Si

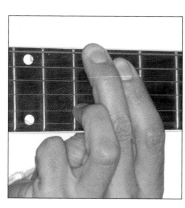

IX

Re Fa# Si Mi La Do#

# Dm

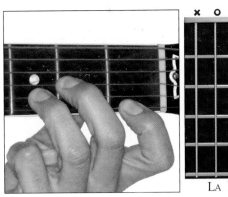

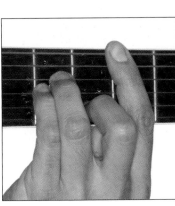
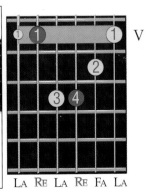

LA RE LA RE FA

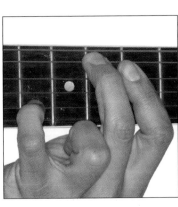
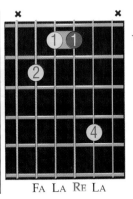

V

LA RE LA RE FA LA

VII

FA LA RE LA

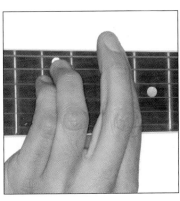

X

RE LA RE FA LA RE

# Dm

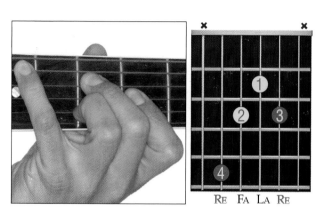

RE FA LA RE

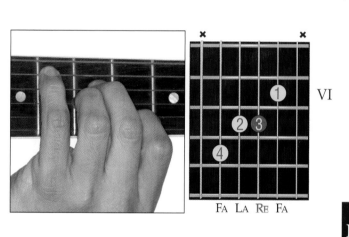

VI

FA LA RE FA

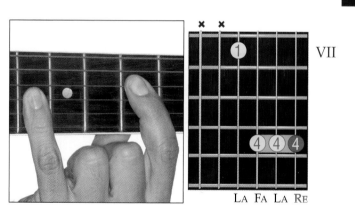

VII

LA FA LA RE

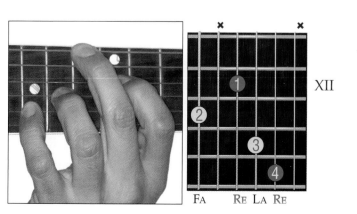

XII

FA RE LA RE

# Dm6

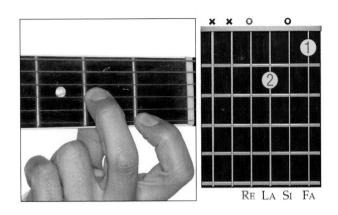

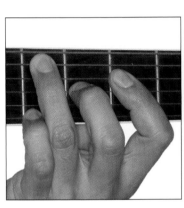

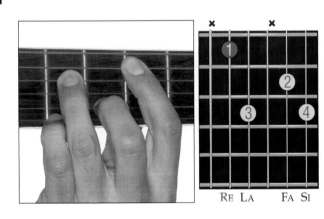

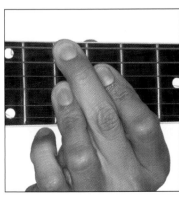

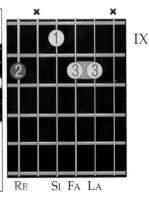

56

# Dm7

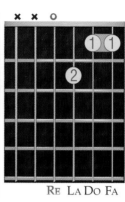

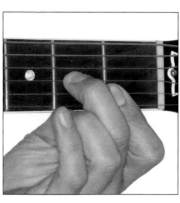

RE LA DO FA

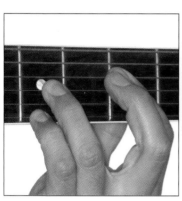

FA DO RE LA

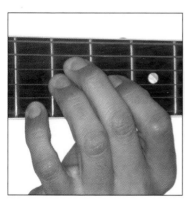

VI

LA RE FA DO

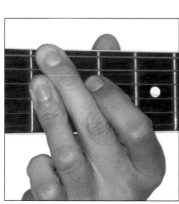

X

RE DO FA LA

# Dm(maj7)

Re La Do# Fa

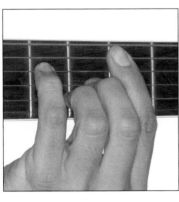
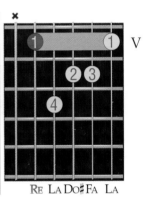   V

Re La Do# Fa La

# Dm9

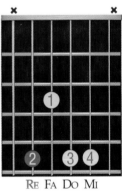

Re Fa Do Mi

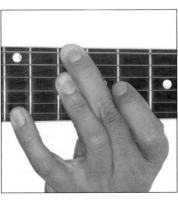
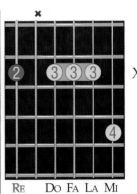   X

Re   Do Fa La Mi

# Dm11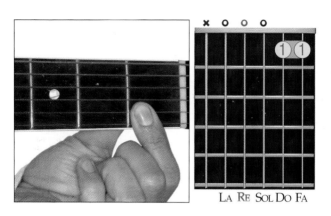

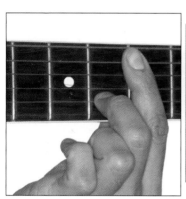

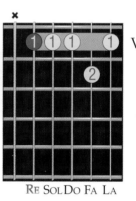

LA RE SOL DO FA

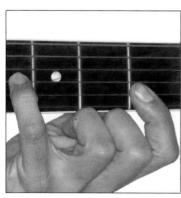

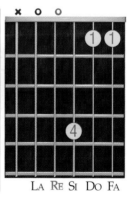

RE SOL DO FA LA

V

# Dm13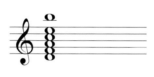

LA RE SI DO FA

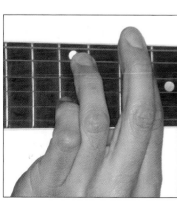

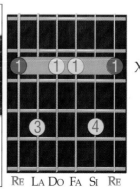

RE LA DO FA SI RE

X

59

# Dm7♭5

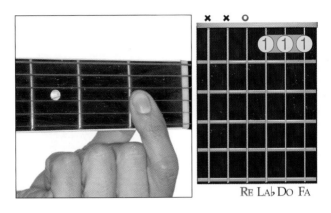

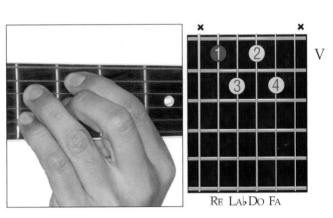

Re Lab Do Fa

Re Lab Do Fa

V

# D°7

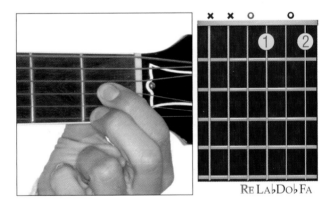

Re Lab Dob Fa

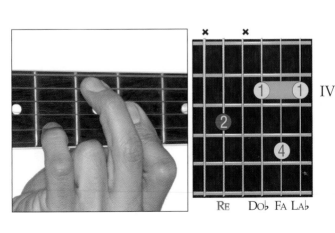

Re Dob Fa Lab

IV

# D7

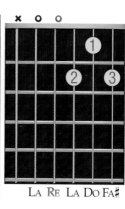

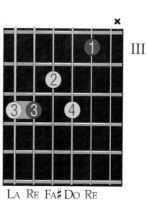

LA RE LA DO FA#

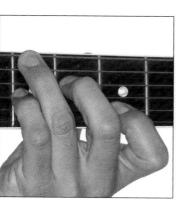

III

LA RE FA# DO RE

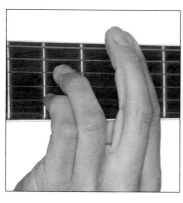

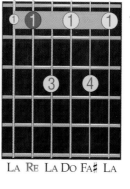

V

LA RE LA DO FA# LA

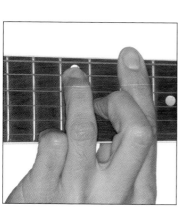

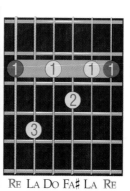

X

RE LA DO FA# LA RE

# D7

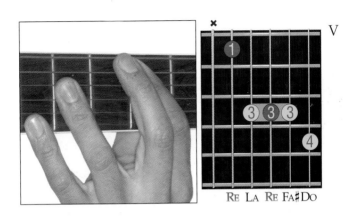

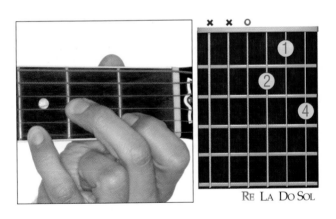

Re La Re Fa♯ Do

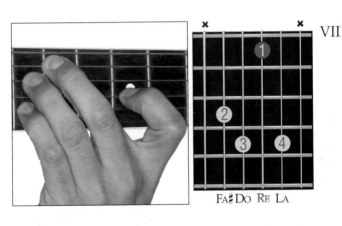

Fa♯ Do Re La

# D7sus4

Re La Do Sol

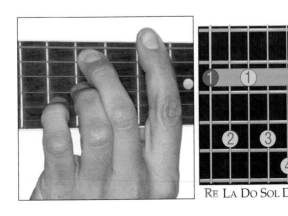

Re La Do Sol Do Re

# D7♭5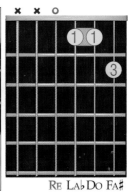

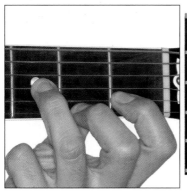

V

RE LA♭ DO FA♯

# D7⁺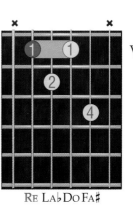

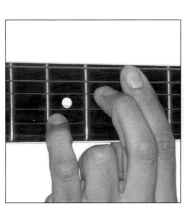

RE LA♯ DO FA♯

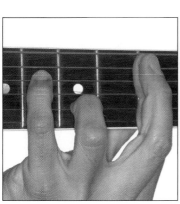

V

RE LA♯ DO FA♯

# D9

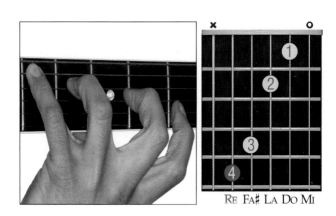

Re Fa♯ La Do Mi

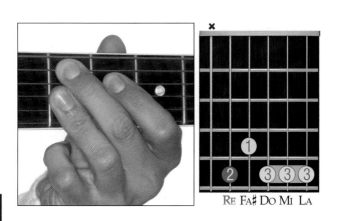

Re Fa♯ Do Mi La

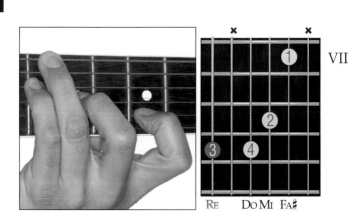

VII

Re Do Mi Fa♯

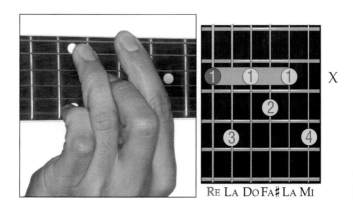

X

Re La Do Fa♯ La Mi

# D9sus4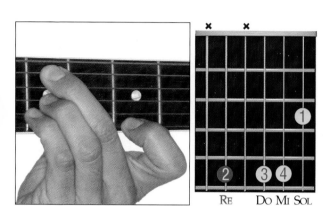

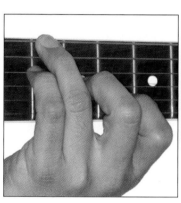

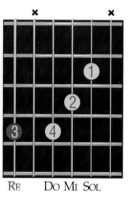

Re  Do Mi Sol

VIII

Re  Do Mi Sol

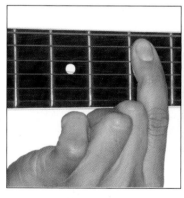

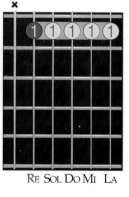

Re Sol Do Mi  La

V

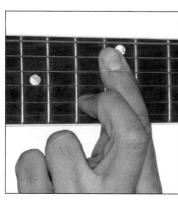

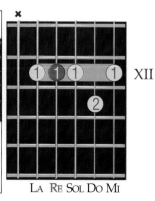

La Re Sol Do Mi

XII

65

# D9♭5

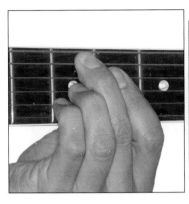

Re Fa♯ Do Mi La♭ — IV

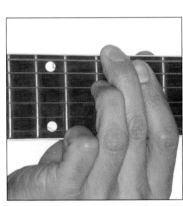

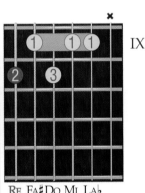

IX — Re Fa♯ Do Mi La♭

# D9+

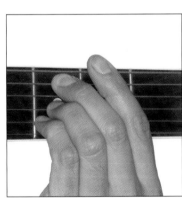

Fa♯ Do Mi La♯ Re Fa♯

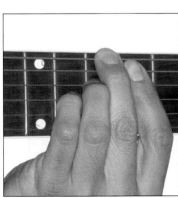

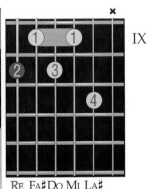

IX

Re Fa♯ Do Mi La♯

# D13

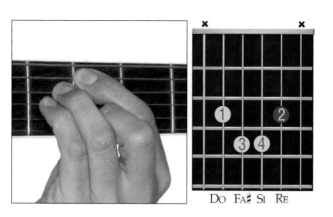

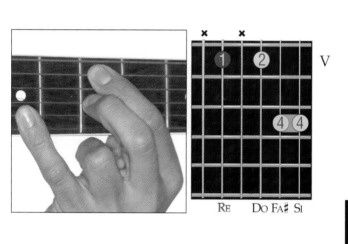

Do  Fa♯  Si  Re

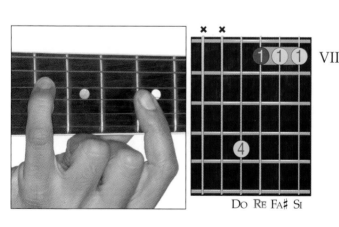

Re        Do  Fa♯  Si

V

Do  Re  Fa♯  Si

VII

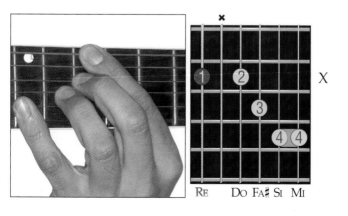

Re        Do  Fa♯  Si  Mi

X

67

# E♭

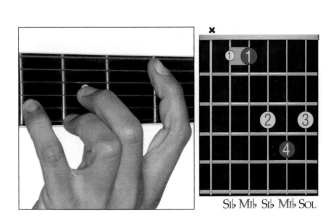

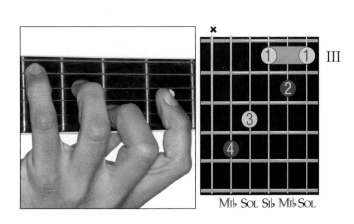

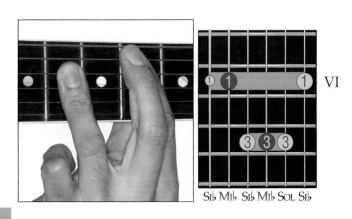

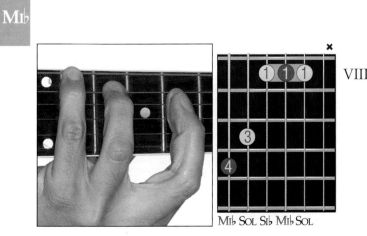

# E♭

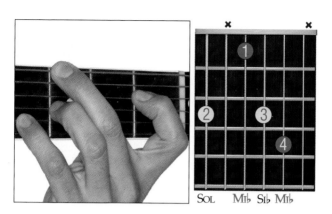

Sol  Mi♭ Si♭ Mi♭

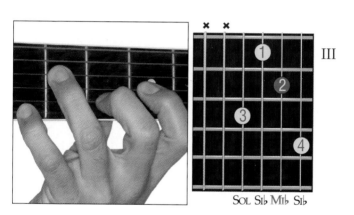

III

Sol Si♭ Mi♭ Si♭

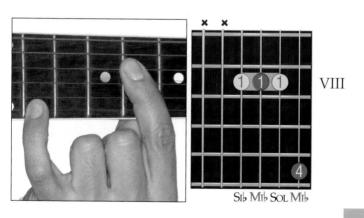

VIII

Si♭ Mi♭ Sol Mi♭

**Mi♭**

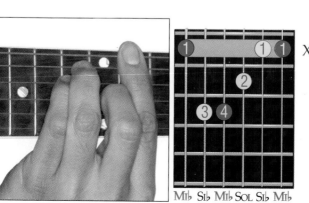

XI

Mi♭ Si♭ Mi♭ Sol Si♭ Mi♭

69

# E♭sus4

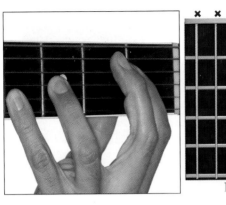

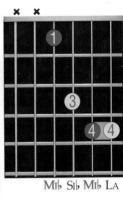

Mi♭ Si♭ Mi♭ La

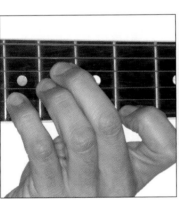

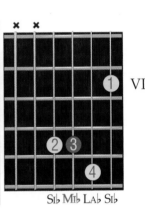

VI

Si♭ Mi♭ La♭ Si♭

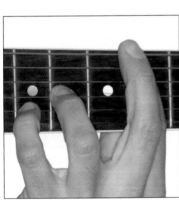

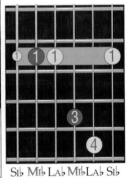

VI

Si♭ Mi♭ La♭ Mi♭La♭ Si♭

Mi♭

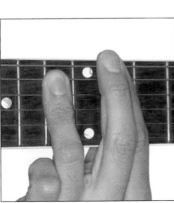

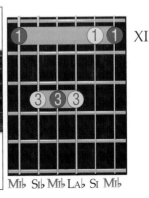

XI

Mi♭ Si♭ Mi♭ La♭ Si Mi♭

70

# Eb6

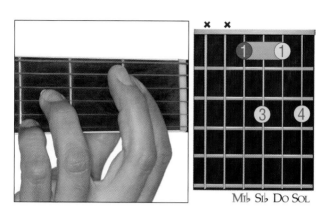

Mib Sib Do Sol

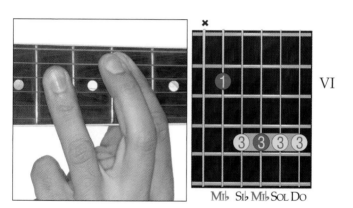

VI

Mib Sib Mib Sol Do

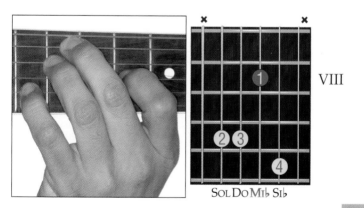

VIII

Sol Do Mib Sib

Mib

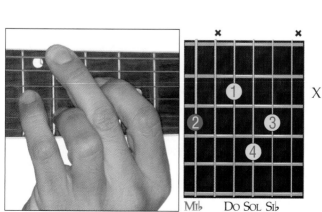

X

Mib Do Sol Sib

# E♭⁶₉

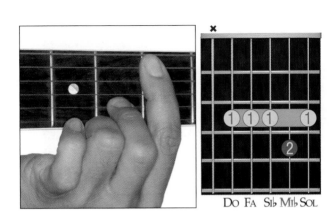

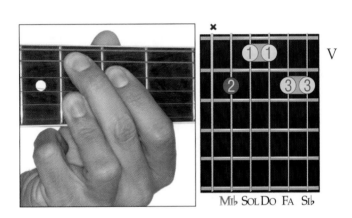

Do Fa Si♭ Mi♭ Sol

V

Mi♭ Sol Do Fa Si♭

VIII

Mi♭ Fa Si♭ Mi♭ Sol Do

**Mi♭**

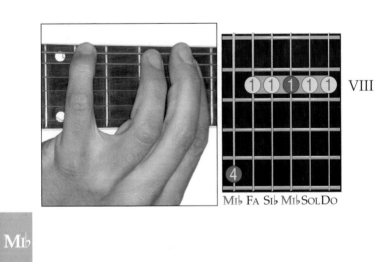

VIII

Mi♭ Si♭ Fa Sol Do

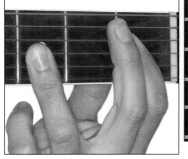

Mi♭ Si♭ Re Sol

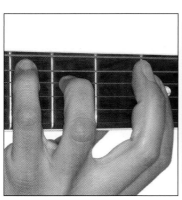

III

Mi♭ Sol Si♭ Re Sol

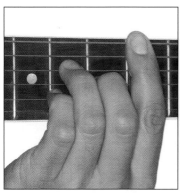
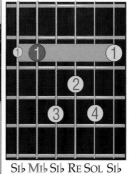

VI

Si♭ Mi♭ Si♭ Re Sol Si♭

Mi♭

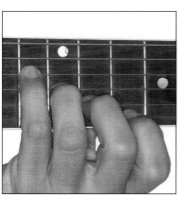

X

Mi♭ Sol Si♭ Re

73

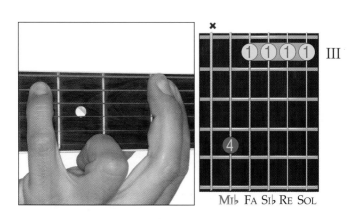

Mi♭ Sol Re Fa

III

Mi♭ Fa Si♭ Re Sol

# E♭maj13

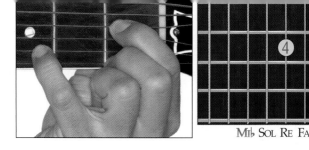

V

Mi♭ Sol Re Sol Do

X

Mi♭ Sol Do Fa Si♭ Re

# E♭m

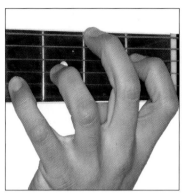

Sol♭    Mi♭ Si♭ Mi♭

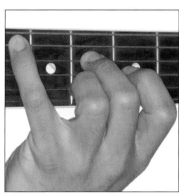

III

Mi♭ Sol♭ Si♭ Mi♭

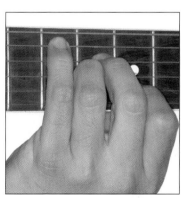

VII

Sol♭ Si♭ Mi♭ Sol♭

Mi♭

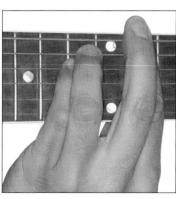

XI

Mi♭ Si♭ Mi♭ Sol♭ Si♭ Mi♭

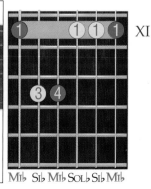

# E♭m

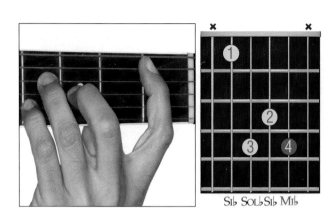

Si♭ Sol♭ Si♭ Mi♭

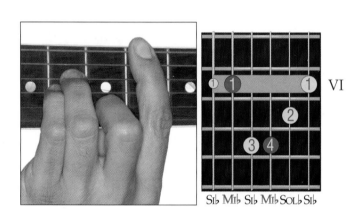

VI

Si♭ Mi♭ Si♭ Mi♭ Sol♭ Si♭

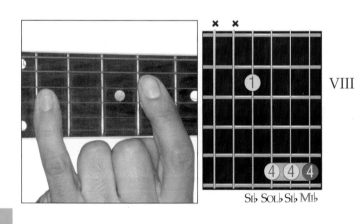

VIII

Si♭ Sol♭ Si♭ Mi♭

**Mi♭**

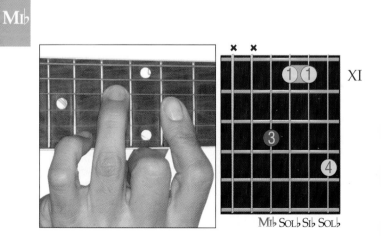

XI

Mi♭ Sol♭ Si♭ Sol♭

# E♭m6

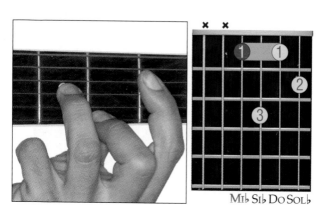

Mi♭ Si♭ Do Sol♭

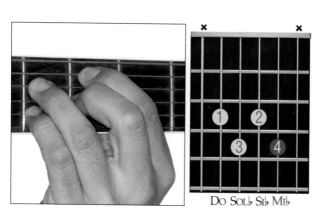

Do Sol♭ Si♭ Mi♭

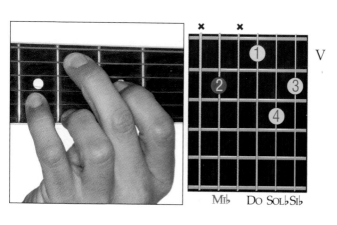

V

Mi♭   Do Sol♭Si♭

**Mi♭**

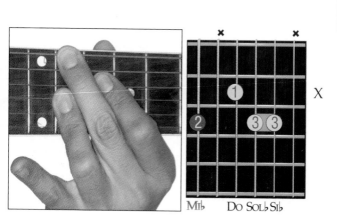

Mi♭ Si♭ Do Sol♭

X

Mi♭   Do Sol♭Si♭

# E♭m7

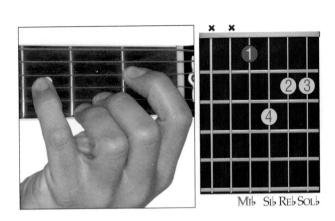

Mi♭ Si♭ Re♭ Sol♭

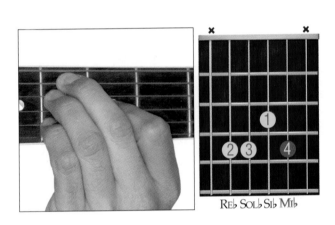

Re♭ Sol♭ Si♭ Mi♭

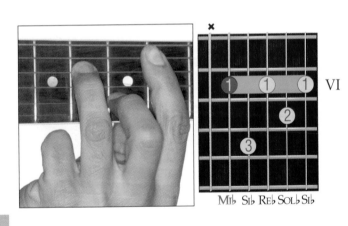

VI

Mi♭ Si♭ Re♭ Sol♭ Si♭

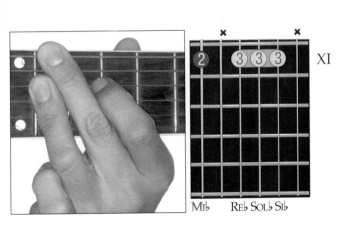

XI

Mi♭ Re♭ Sol♭ Si♭

# Ebm(maj7)

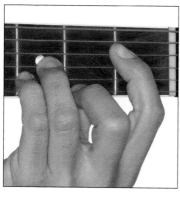

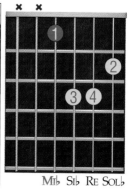

Mib Sib Re Solb

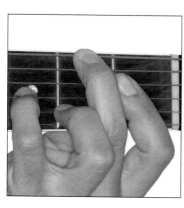

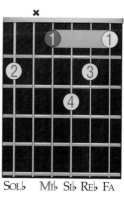  VI

Mib Sib Re Solb Sib

# Ebm9

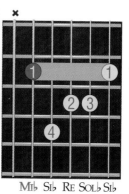

Solb Mib Sib Reb Fa

Mib

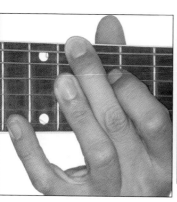

  XI

Mib Reb Solb Sib Fa

# E♭m11

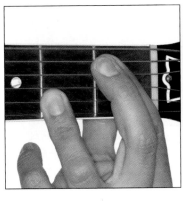

Si♭ Mi♭ La♭ Re♭ Sol♭

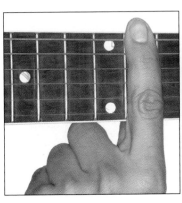

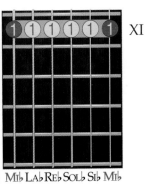

XI

Mi♭ La♭ Re♭ Sol♭ Si♭ Mi♭

# E♭m13

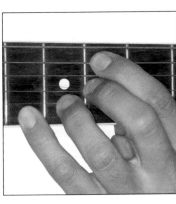

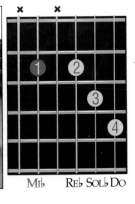

VI

Mi♭     Re♭ Sol♭ Do

**Mi♭**

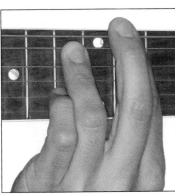

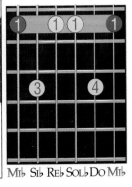

XI

Mi♭ Si♭ Re♭ Sol♭ Do Mi♭

# E♭m7♭5

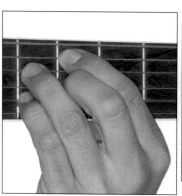

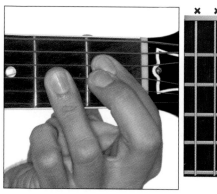

Mi♭ Si♭♭ Re♭ Sol♭

VI

Mi♭ Si♭♭ Re♭ Sol♭

# E♭°7

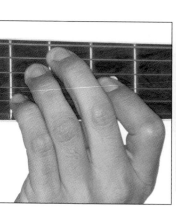

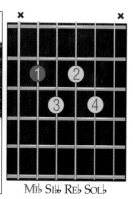

Mi♭ Si♭♭ Re♮♭ Sol♭

Mi♭

V

Mi♭ Si♭♭ Re♮♭ Sol♭

81

# E♭7

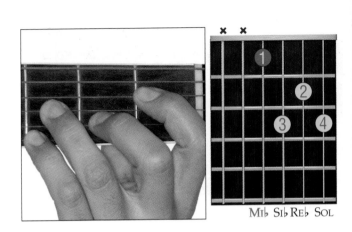

Mi♭ Si♭ Re♭ Sol

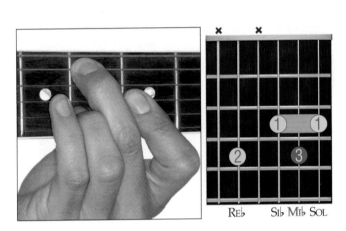

Re♭    Si♭ Mi♭ Sol

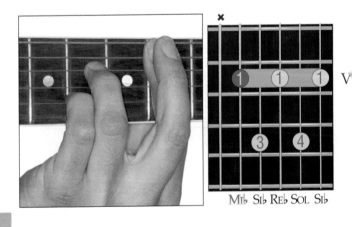

Mi♭ Si♭ Re♭ Sol Si♭

Sol Re♭ Mi♭ Si♭

# E♭7

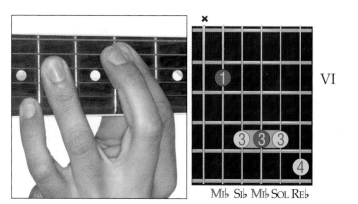

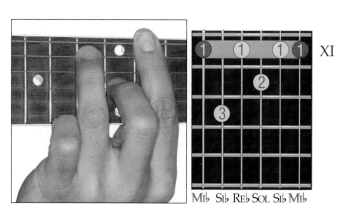

Mi♭ Si♭ Mi♭ Sol Re♭

VI

XI

Mi♭ Si♭ Re♭ Sol Si♭ Mi♭

# E♭7sus4

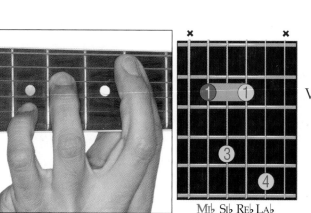

Si♭ Mi♭ La♭ Re♭

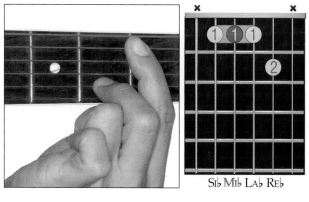

Mi♭ Si♭ Re♭ La♭

VI

Mi♭

# E♭7♭5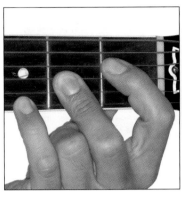

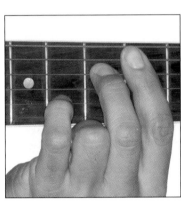

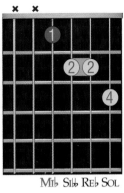

Mi♭ Si♭♭ Re♭ Sol

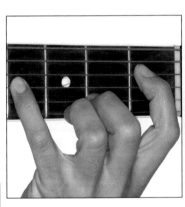

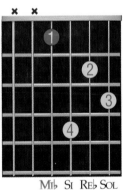

VI

Mi♭ Si♭♭ Re♭ Sol

# E♭7+

**Mi♭**

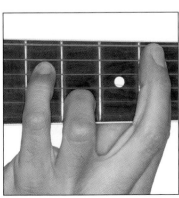

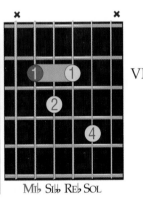

Mi♭ Si Re♭ Sol

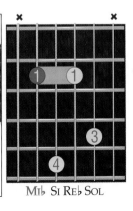

VI

Mi♭ Si Re♭ Sol

# E♭9

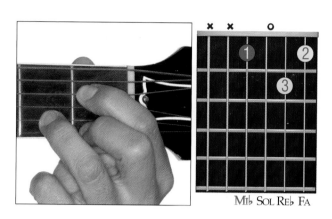

Mi♭ Sol Re♭ Fa

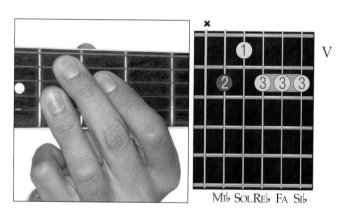

V

Mi♭ Sol Re♭ Fa Si♭

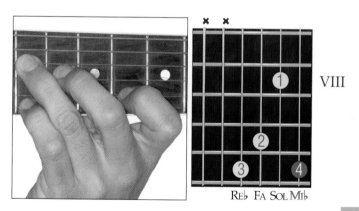

VIII

Re♭ Fa Sol Mi♭

**Mi♭**

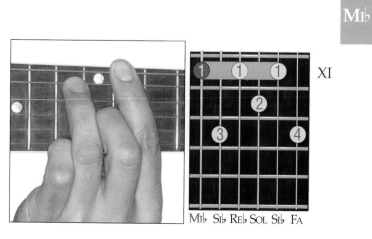

XI

Mi♭ Si♭ Re♭ Sol Si♭ Fa

# E♭9sus4

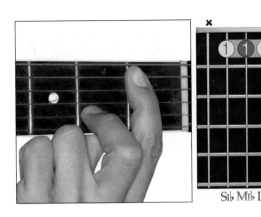

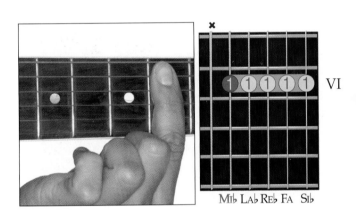

Si♭ Mi♭ La♭ Re♭ Fa

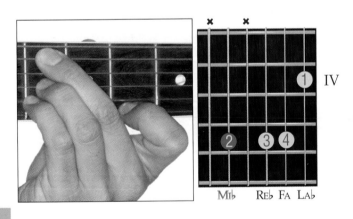

VI

Mi♭ La♭ Re♭ Fa Si♭

**Mi♭**

IV

Mi♭ Re♭ Fa La♭

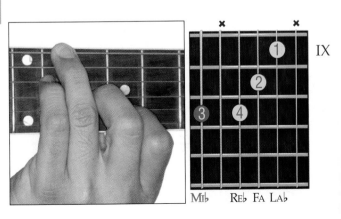

IX

Mi♭ Re♭ Fa La♭

# E♭9♭5

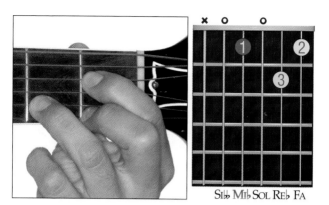

Si♭ Mi♭ Sol Re♭ Fa

V

Mi♭ Sol Re♭ Fa Si♭

# E♭9+

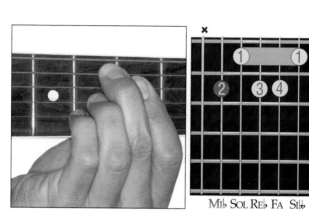

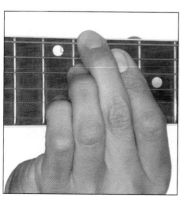

Sol Re♭ Fa Si Mi♭ Sol

Mi♭

X

Mi♭ Sol Re♭ Fa Si

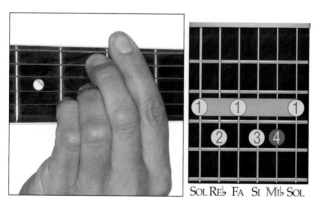

# Eb13

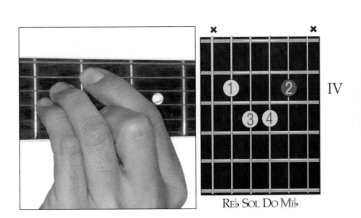

Reb Sol Do Mib    IV

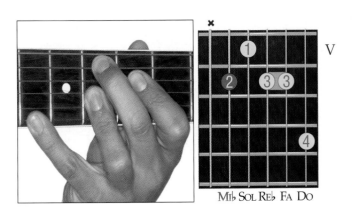

Mib Sol Reb Fa Do    V

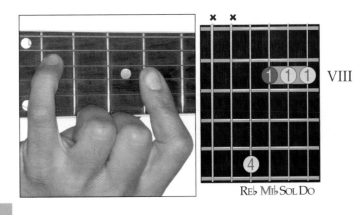

Reb Mib Sol Do    VIII

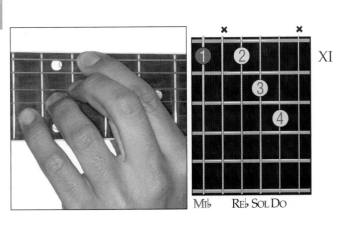

Mib Reb Sol Do    XI

# E

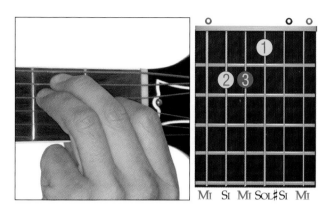

Mi Si Mi Sol♯ Si Mi

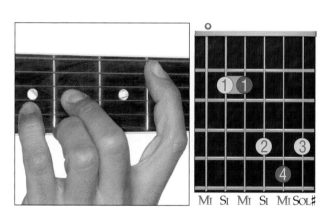

Mi Si Mi Si Mi Sol♯

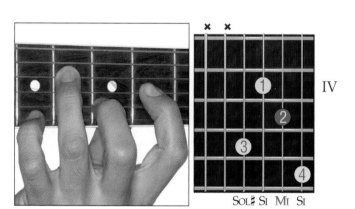

IV

Sol♯ Si Mi Si

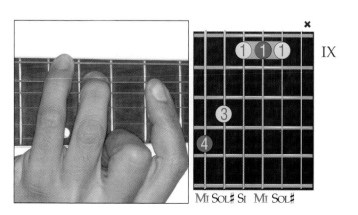

IX

Mi Sol♯ Si Mi Sol♯

89

MI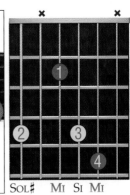

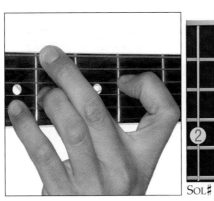

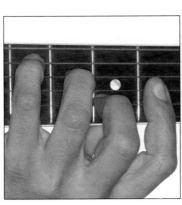

SOL# MI SI MI

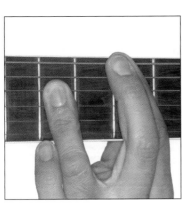

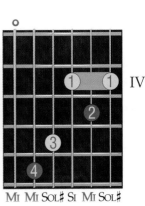

IV

MI MI SOL# SI MI SOL#

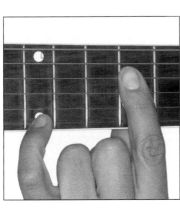

VII

SI MI SI MI SOL# SI

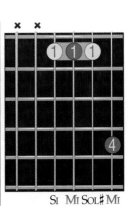

IX

SI MI SOL# MI

# Esus4

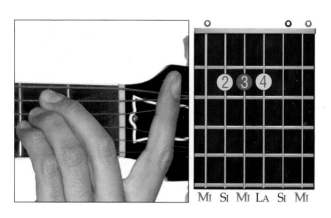

MI SI MI LA SI MI

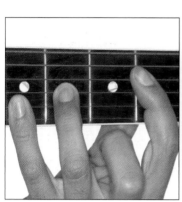

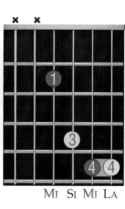

MI SI MI LA

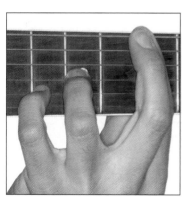

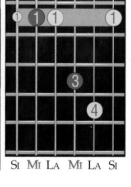

VII

SI MI LA MI LA SI

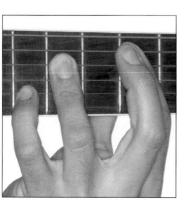

VII

MI MI SI MI LA MI

91

Mi E6

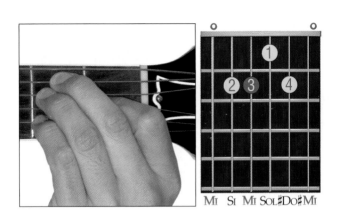

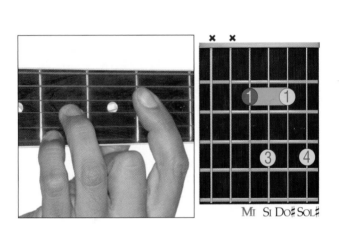

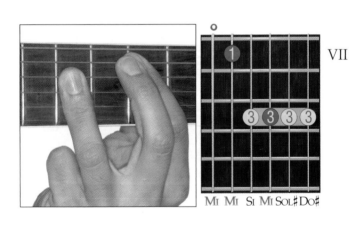

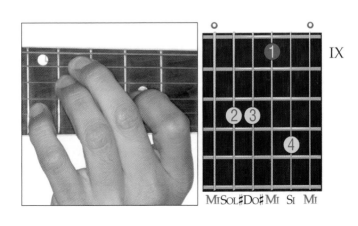

E$^6_9$

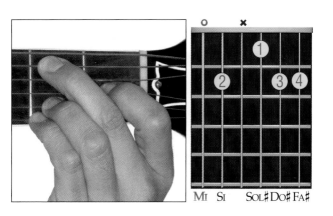

MI  SI  SOL# DO# FA#

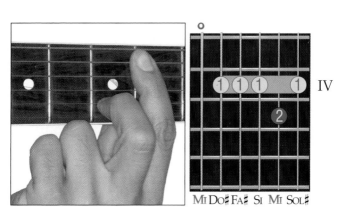

IV

MI DO# FA# SI  MI  SOL#

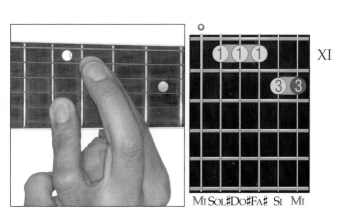

XI

MI SOL# DO# FA#  SI  MI

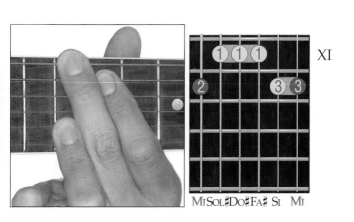

XI

MI SOL# DO# FA#  SI  MI

# Emaj7

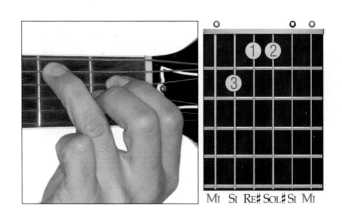

Mi  Si  Re♯ Sol♯ Si  Mi

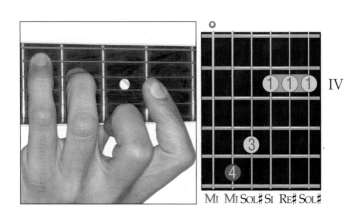

Mi  Mi Sol♯ Si  Re♯ Sol♯          IV

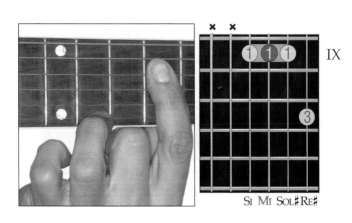

Si  Mi Sol♯ Re♯          IX

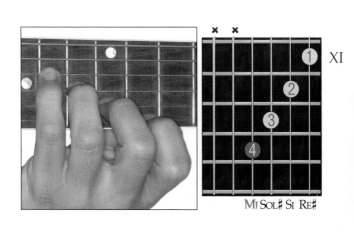

Mi Sol♯ Si  Re♯          XI

# Emaj9

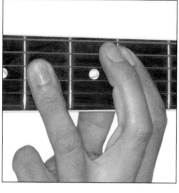

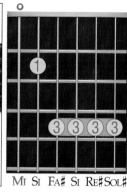

MI SI FA# SI RE# SOL#

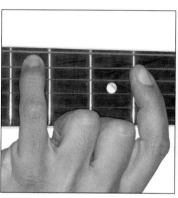

IV

MI MI FA# SI RE# SOL#

# Emaj13

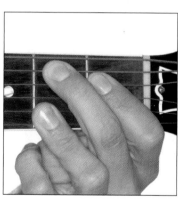

MI SI RE# SOL# DO# FA#

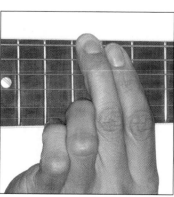

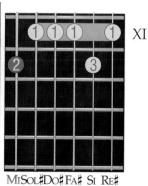

XI

MI SOL# DO# FA# SI RE#

# Em

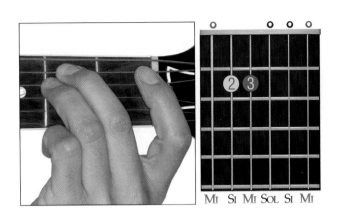

MI   SI   MI   SOL   SI   MI

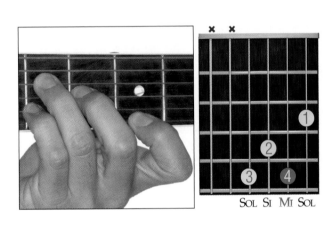

SOL   SI   MI   SOL

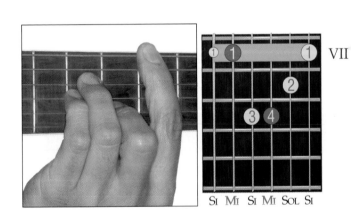

VII

SI   MI   SI   MI   SOL   SI

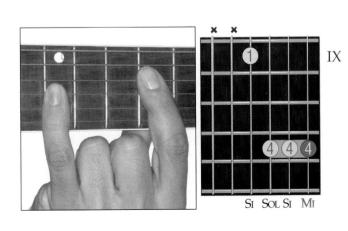

IX

SI   SOL   SI   MI

# Em

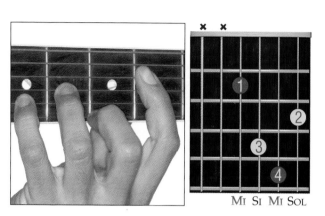

MI SI MI SOL

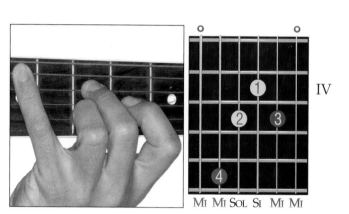

IV

MI MI SOL SI MI MI

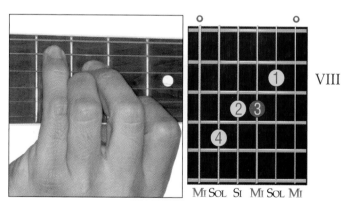

VIII

MI SOL SI MI SOL MI

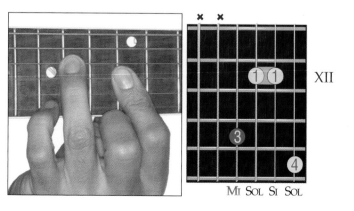

XII

MI SOL SI SOL

# Em6

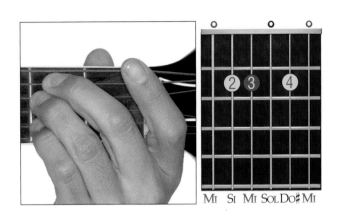

Mi Si Mi Sol Do♯ Mi

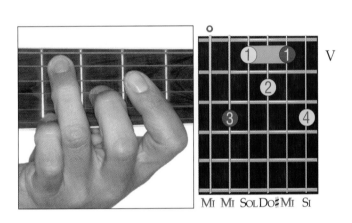

V

Mi Mi Sol Do♯ Mi Si

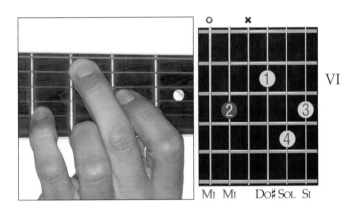

VI

Mi Mi Do♯ Sol Si

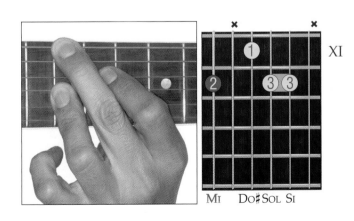

XI

Mi Do♯ Sol Si

# Em7

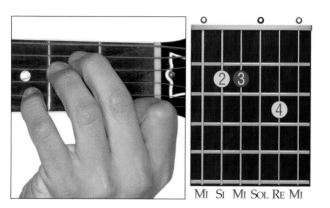

MI SI MI SOL RE MI

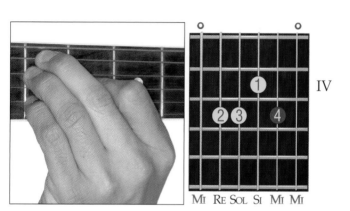

IV

MI RE SOL SI MI MI

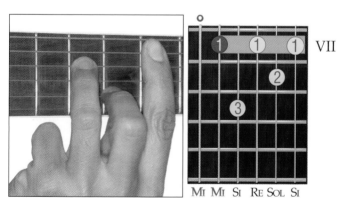

VII

MI MI SI RE SOL SI

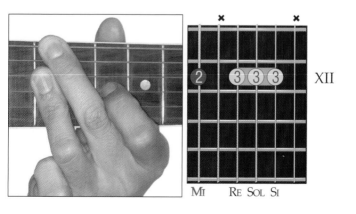

XII

MI RE SOL SI

# Em(maj7)

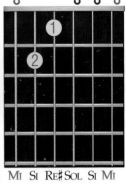

MI SI RE♯ SOL SI MI

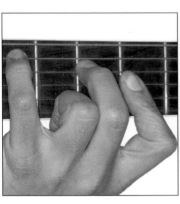
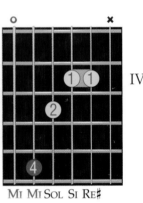

IV

MI MI SOL SI RE♯

# Em9

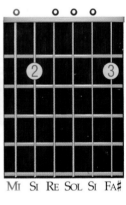

MI SI RE SOL SI FA♯

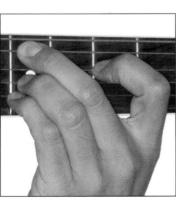

V

MI MI SOL RE FA♯ MI

# Em11

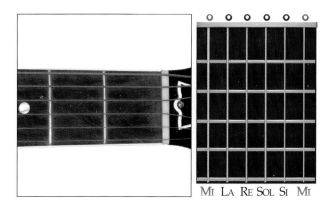

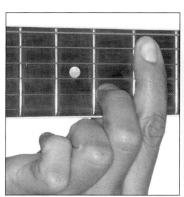

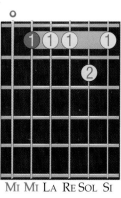

MI LA RE SOL SI MI

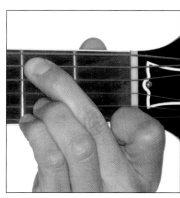

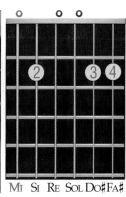

VII

MI MI LA RE SOL SI

# Em13

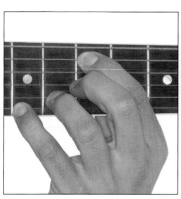

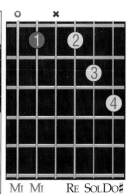

MI SI RE SOL DO# FA#

VII

MI MI RE SOL DO#

101

# Em7♭5

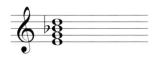

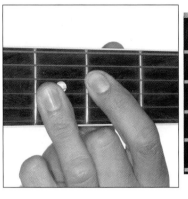

Mi Si♭ Re Sol

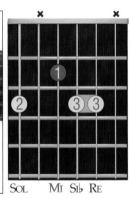

Sol Mi Si♭ Re

# E°7

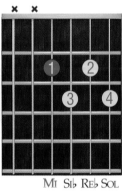

Mi Si♭ Re♭ Sol

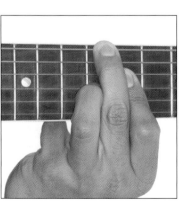

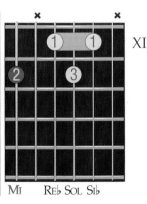

XI

Mi Re♭ Sol Si♭

# E7

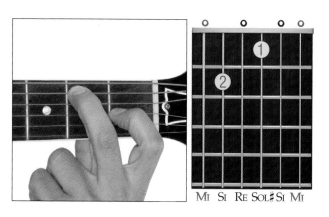

MI  SI  RE  SOL♯  SI  MI

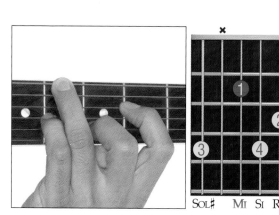

SOL♯   MI  SI  RE

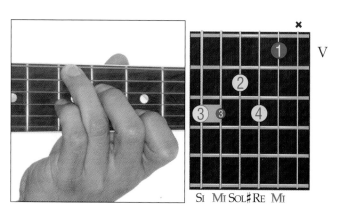

V

SI  MI  SOL♯ RE  MI

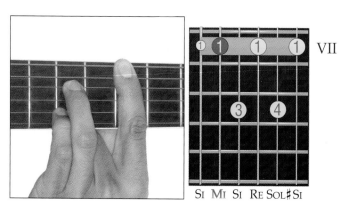

VII

SI  MI  SI  RE  SOL♯ SI

103

# E7

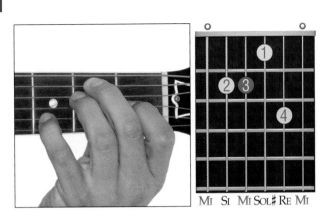

# E7sus4

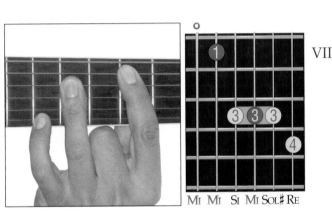

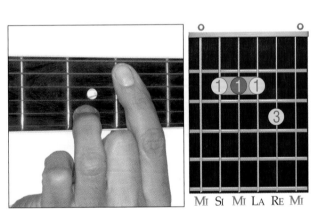

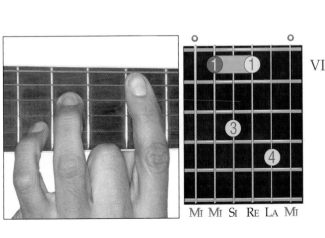

# E7♭5

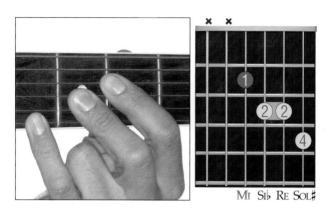

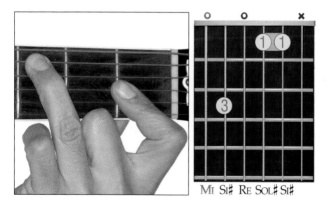

MI SI♭ RE SOL♯

VII

MI MI SI♭ RE SOL♯ MI

# E7⁺

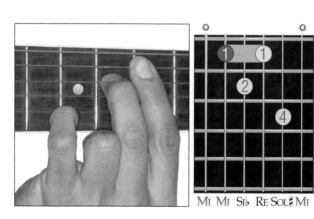

MI SI♯ RE SOL♯ SI♯

VII

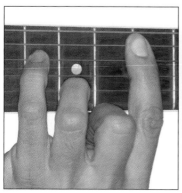

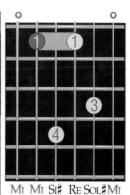

MI MI SI♯ RE SOL♯ MI

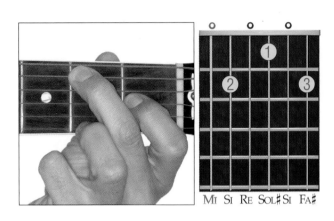

# E9

**MI**

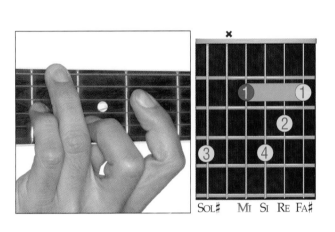

MI SI RE SOL♯ SI FA♯

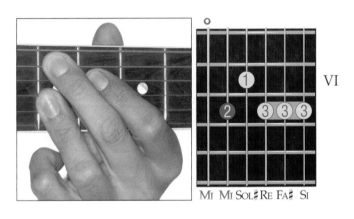

SOL♯ MI SI RE FA♯

VI

MI MI SOL♯ RE FA♯ SI

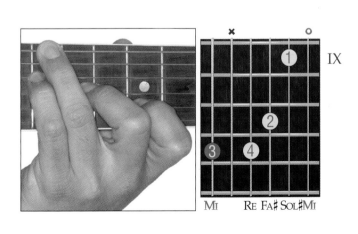

IX

MI RE FA♯ SOL♯ MI

# E9sus4

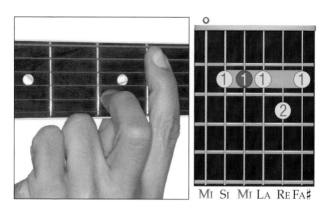

MI SI MI LA RE FA♯

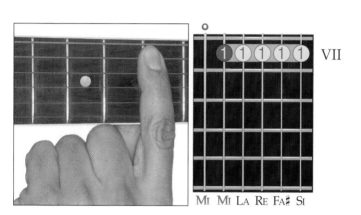

MI MI LA RE FA♯ SI — VII

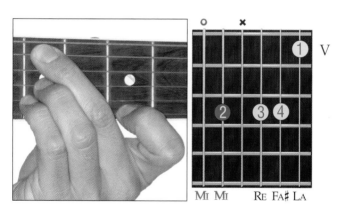

MI MI RE FA♯ LA — V

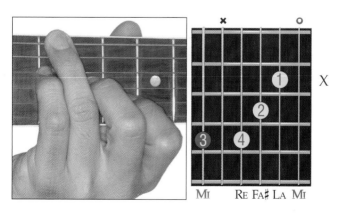

MI RE FA♯ LA MI — X

# E9♭5

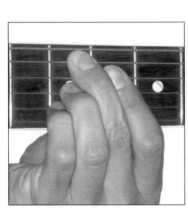

Mi Si♭ Mi Sol♯ Re Fa♯

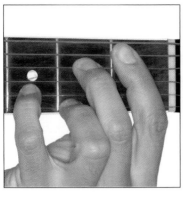
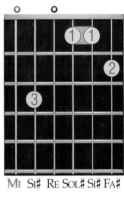

VI

Mi Mi Sol♯ Re Fa♯ Si♭

# E9⁺

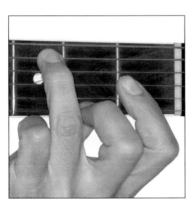

Mi Si♯ Re Sol♯ Si♯ Fa♯

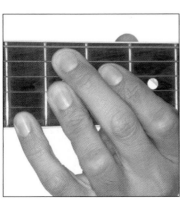
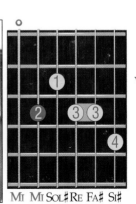

VI

Mi Mi Sol♯ Re Fa♯ Si♯

# E13

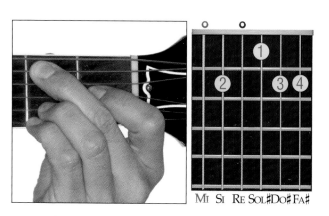

Mı Sı Re Sol#Do#Fa#

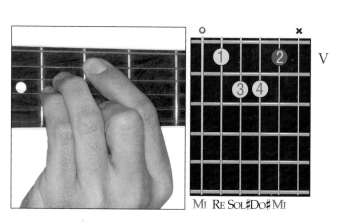

V

Mı Re Sol#Do#Mı

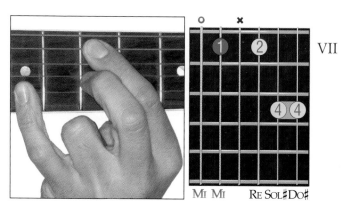

VII

Mı Mı Re Sol#Do#

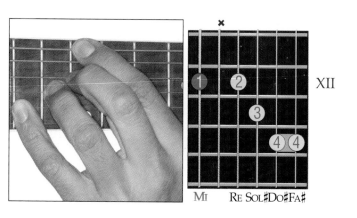

XII

Mı Re Sol#Do#Fa#

# F

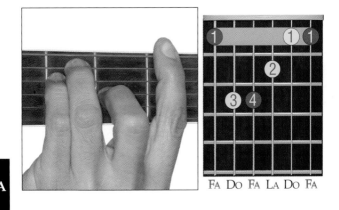

FA DO FA LA DO FA

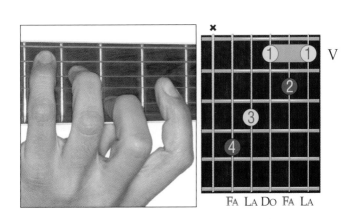

V

FA LA DO FA LA

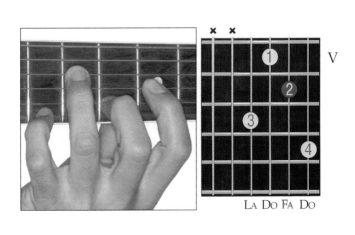

V

LA DO FA DO

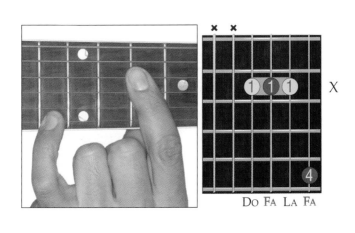

X

DO FA LA FA

**FA**

# F

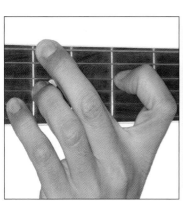

III

LA    FA DO FA

**FA**

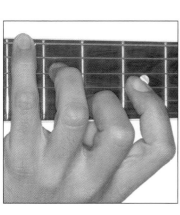

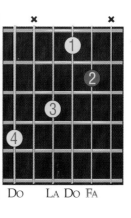

V

DO    LA DO FA

VIII

DO FA DO FA LA DO

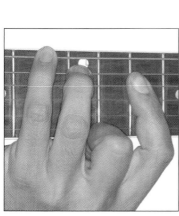

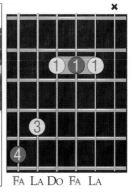

X

FA LA DO FA LA

111

# Fsus4

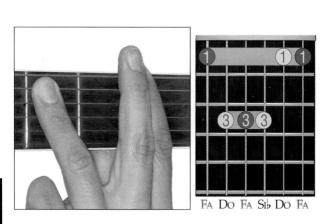

FA DO FA SIb DO FA

III

FA DO FA SIb

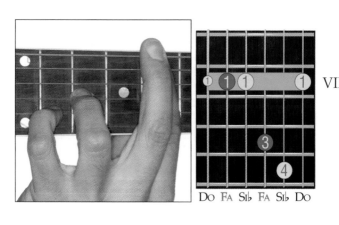

VIII

DO FA SIb FA SIb DO

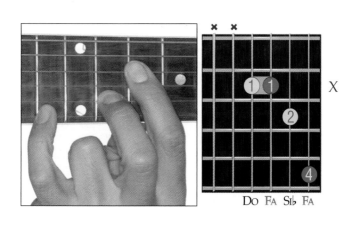

X

DO FA SIb FA

# F6

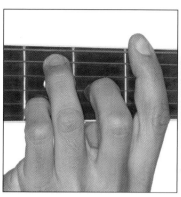

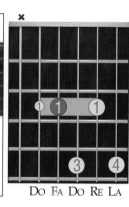

Fa Do  La Re

**Fa**

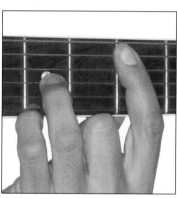

Do Fa Do Re La

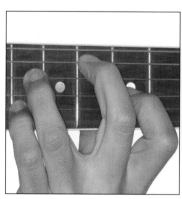

Fa Do Re La

VII

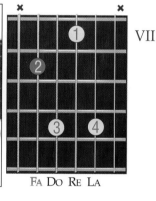

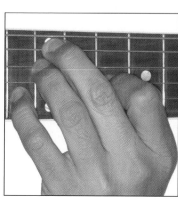

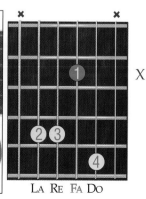

La Re Fa Do

X

# F$^6_9$

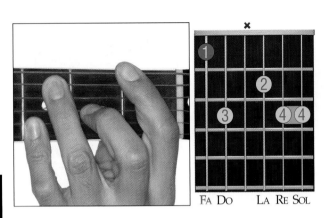

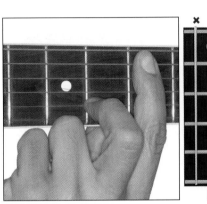

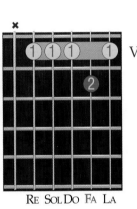

FA DO LA RE SOL

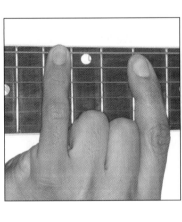

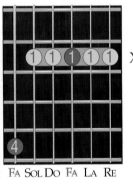

V

RE SOL DO FA LA

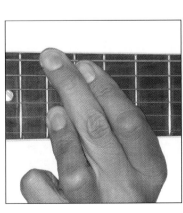

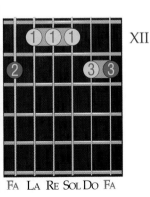

X

FA SOL DO FA LA RE

XII

FA LA RE SOL DO FA

# Fmaj7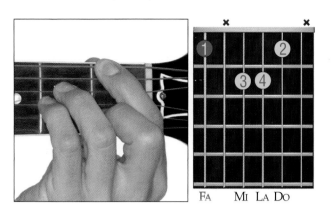

FA

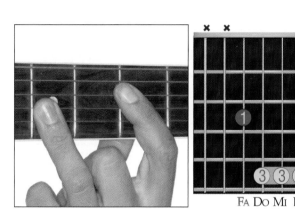

FA    MI  LA  DO

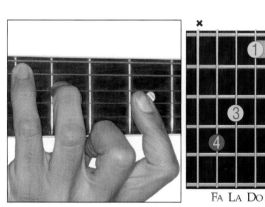

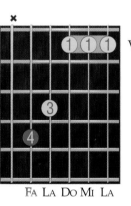

FA  DO  MI  LA

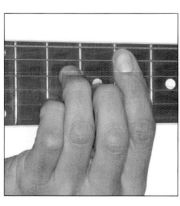

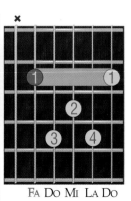

V

FA  LA  DO  MI  LA

VIII

FA  DO  MI  LA  DO

# Fmaj9

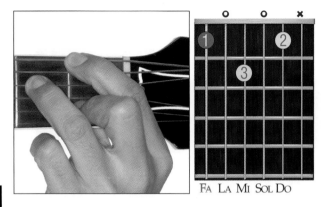

FA LA MI SOL DO

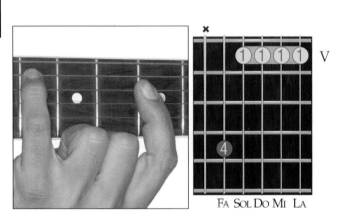

FA SOL DO MI LA

# Fmaj13

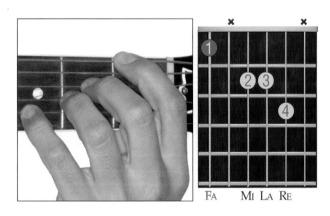

FA MI LA RE

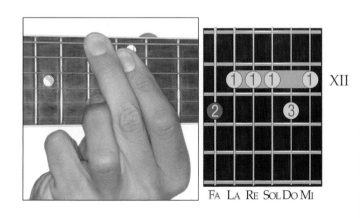

FA LA RE SOL DO MI

# Fm

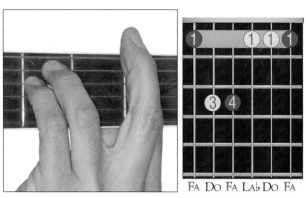

FA DO FA LAb DO FA

**FA**

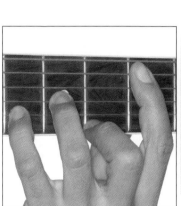

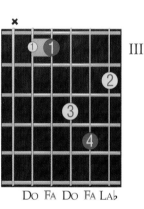

III

DO FA DO FA LAb

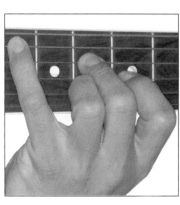

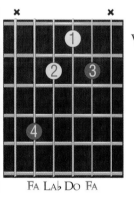

V

FA LAb DO FA

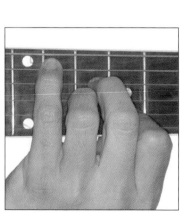

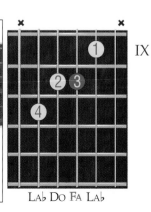

IX

LAb DO FA LAb

# Fm

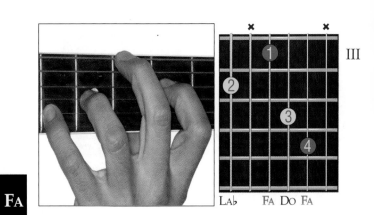

III
LA♭    FA DO FA

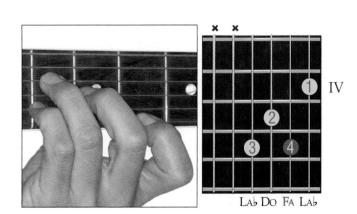

IV
LA♭ DO FA LA♭

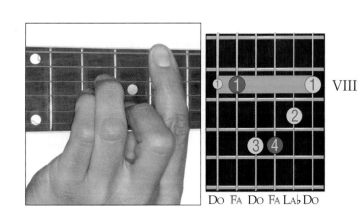

VIII
DO FA DO FA LA♭ DO

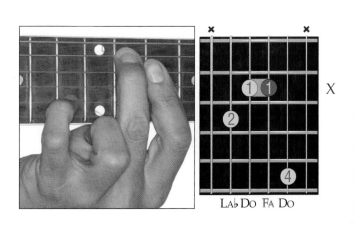

X
LA♭ DO FA DO

# Fm6

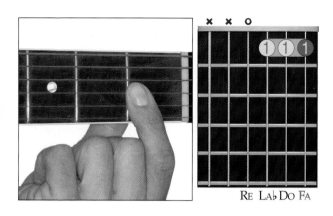

Re Lab Do Fa

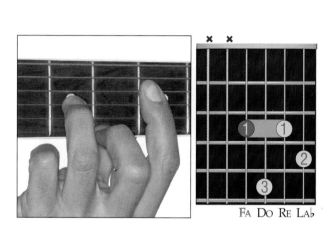

Fa Do Re Lab

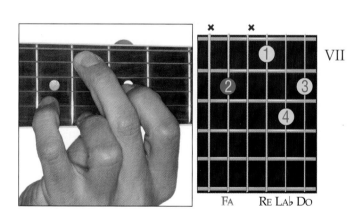

VII

Fa Re Lab Do

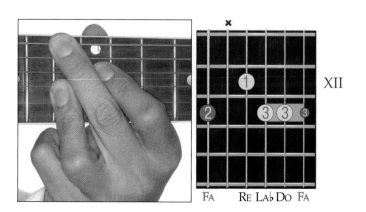

XII

Fa Re Lab Do Fa

# Fm7

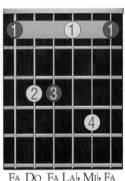

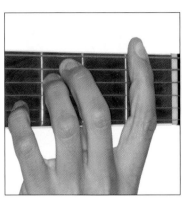

Fa Do Fa Lab Mib Fa

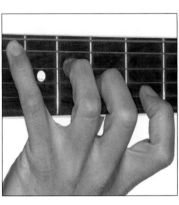
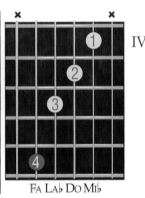

IV

Fa Lab Do Mib

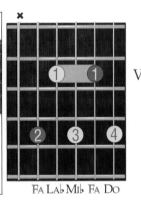

VI

Fa Lab Mib Fa Do

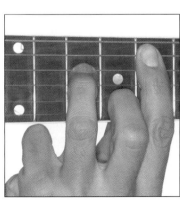
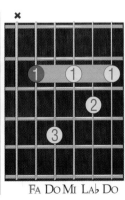

VIII

Fa Do Mi Lab Do

# Fm(maj7)

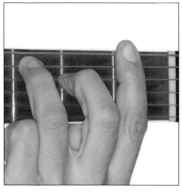

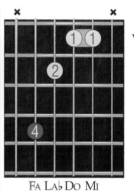

FA DO MI LAb DO FA

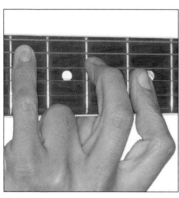

FA LAb DO MI

V

# Fm9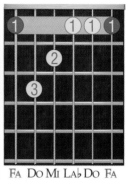

FA MIb LAb DO SOL

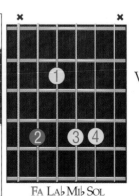

FA LAb MIb SOL

VI

# Fm11

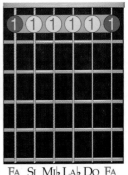

FA SI MIb LAb DO FA

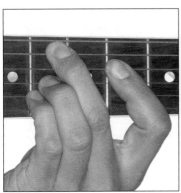

×

VI

FA LAb MIb SOL SIb

# Fm13

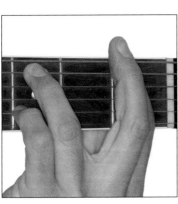

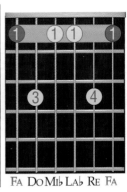

FA DO MIb LAb RE FA

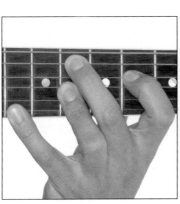

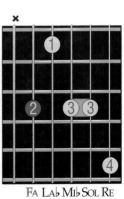

×

VI

FA LAb MIb SOL RE

122

# Fm7b5

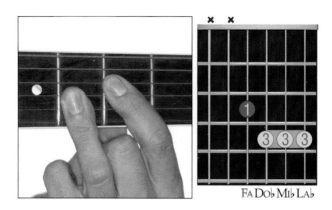

FA DO♭ MI♭ LA♭

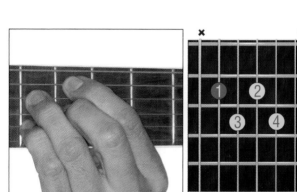

VIII

FA DO♭ MI♭ LA♭

# F°7

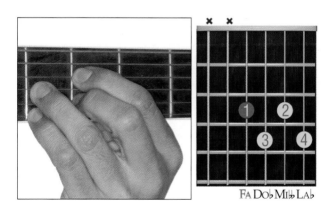

FA DO♭ MI♭♭ LA♭

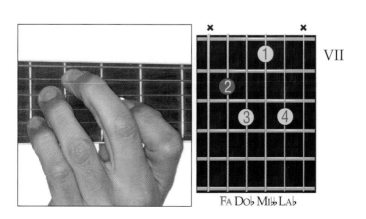

VII

FA DO♭ MI♭♭ LA♭

# F7

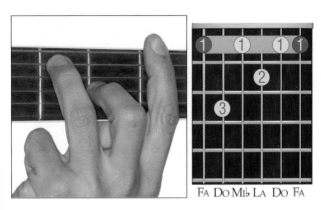

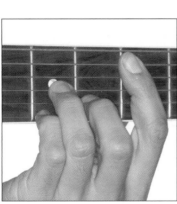

FA DO MIb LA DO FA

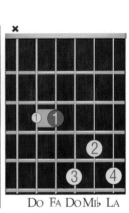

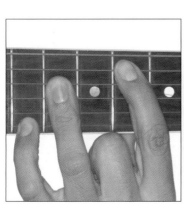

DO FA DO MIb LA

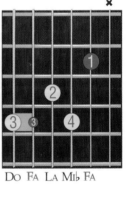

VI

DO FA LA MIb FA

VIII

FA DO FA LA MIb

124

# F7

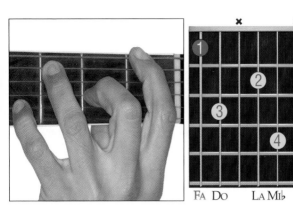

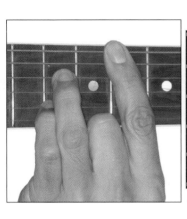

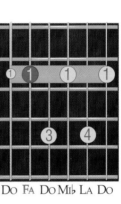

FA DO LA MIb

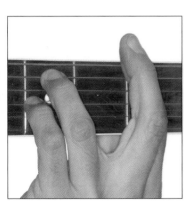

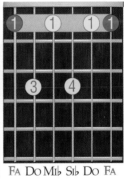

VIII

DO FA DO MIb LA DO

# F7sus4

FA DO MIb SIb DO FA

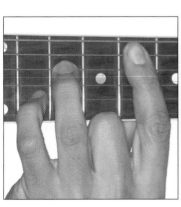

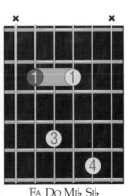

VIII

FA DO MIb SIb

# F7♭5

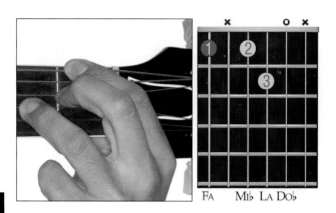

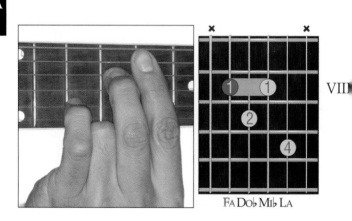

FA    MI♭ LA DO♭

VIII

FA DO♭ MI♭ LA

# F7⁺

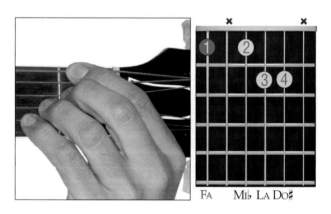

FA    MI♭ LA DO♯

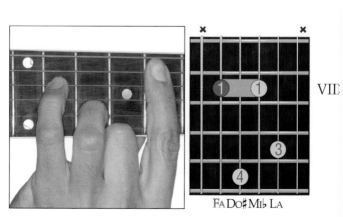

VIII

FA DO♯ MI♭ LA

# F9

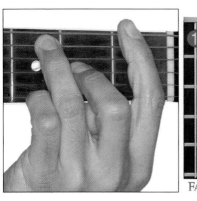

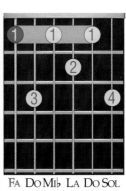

FA DO MIb LA DO SOL

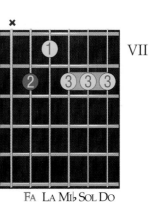

VII

FA LA MIb SOL DO

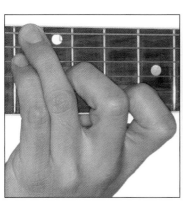

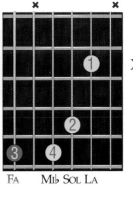

X

FA MIb SOL LA

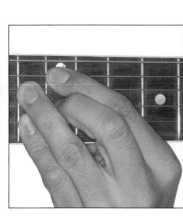

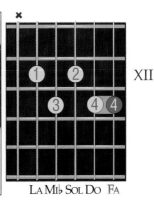

XII

LA MIb SOL DO FA

# F9sus4

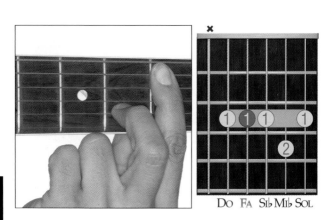

Do Fa Sib Mib Sol

**FA**

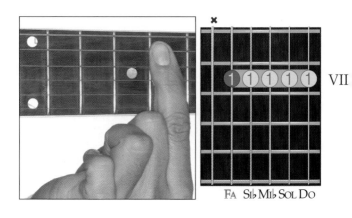

VII

Fa Sib Mib Sol Do

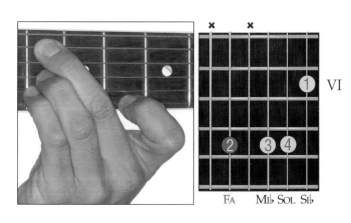

VI

Fa Mib Sol Sib

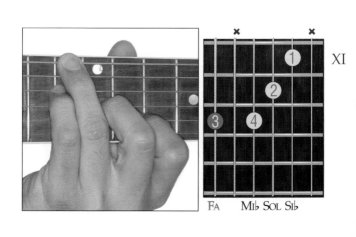

XI

Fa Mib Sol Sib

128

# F9♭5

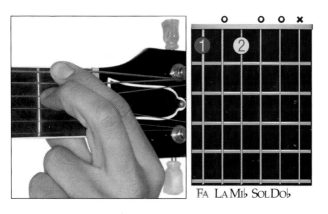

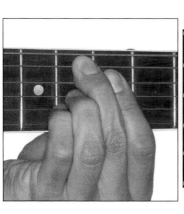

FA  LA  MI♭  SOL  DO♭

VII

FA  LA  MI♭  SOL  DO♭

# F9+

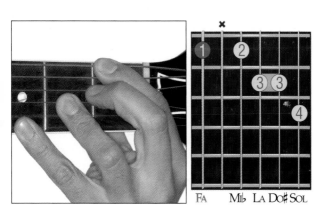

FA    MI♭  LA  DO♯  SOL

VII

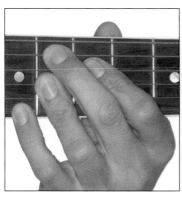

FA  LA  MI♭  SOL  DO♯

# F13

FA

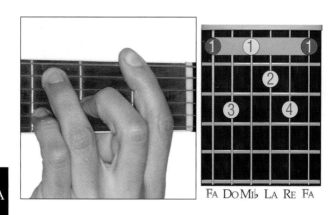

FA DO MIb LA RE FA

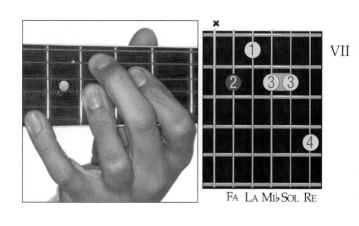

VII

FA LA MIb SOL RE

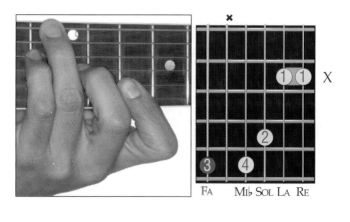

X

FA MIb SOL LA RE

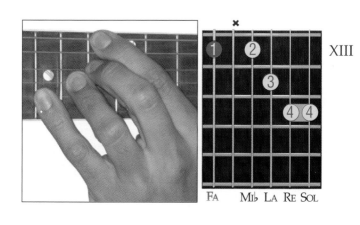

XIII

FA MIb LA RE SOL

# F#

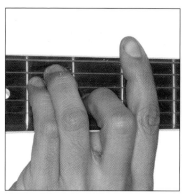

FA# DO# FA# LA# DO# FA#

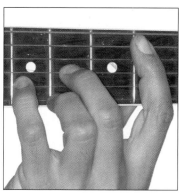

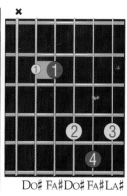

IV

DO# FA# DO# FA# LA#

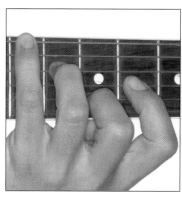

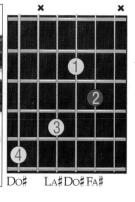

VI

DO#    LA# DO# FA#

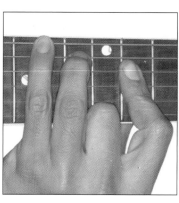

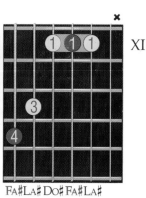

XI

FA# LA# DO# FA# LA#

# F#

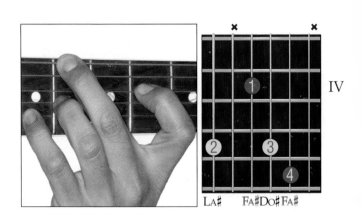

LA#      FA#DO#FA#     IV

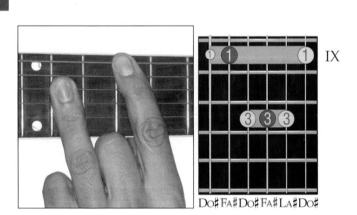

FA#LA#DO#FA#LA#     VI

FA#

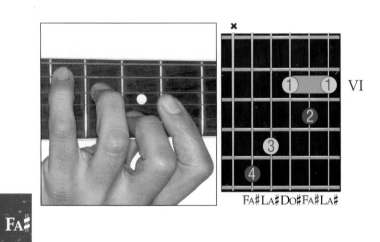

DO#FA#DO#FA#LA#DO#     IX

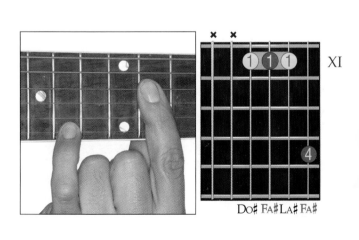

DO# FA#LA# FA#     XI

132

# F#sus4

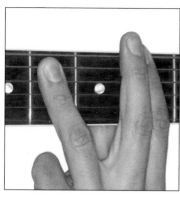

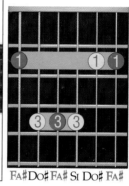

Fa# Do# Fa# Si Do# Fa#

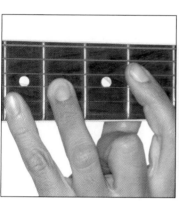

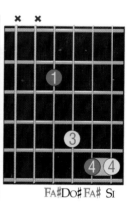

IV

Fa# Do# Fa# Si

**Fa#**

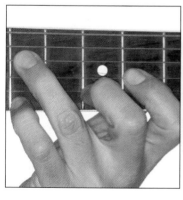

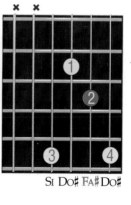

VI

Si Do# Fa# Do#

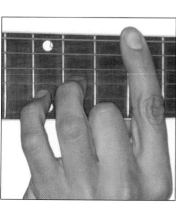

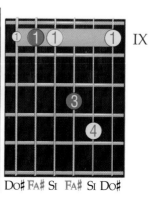

IX

Do# Fa# Si Fa# Si Do#

133

# F#6

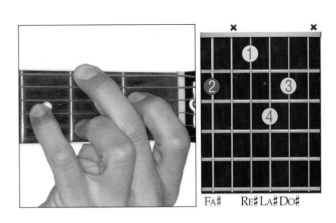

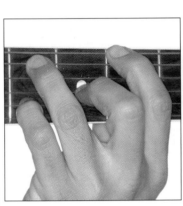

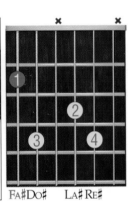

FA#     RE# LA# DO#

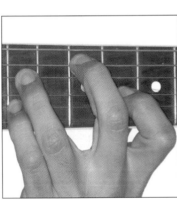

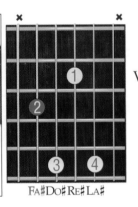

FA# DO#    LA# RE#

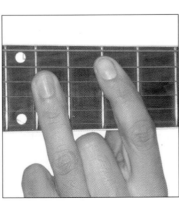

VIII

FA# DO# RE# LA#

IX

FA# DO# FA# LA# RE#

# F#⁶₉

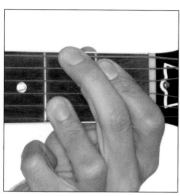

FA#LA#RE#SOL#DO#FA#

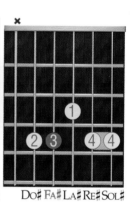

DO#FA#LA#RE#SOL#

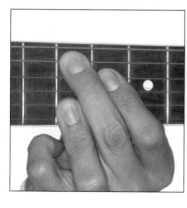

VIII

FA#LA#RE#SOL#DO#

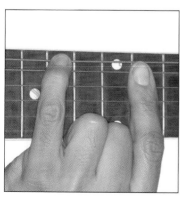

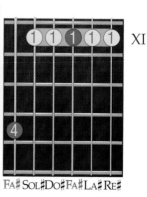

XI

FA#SOL#DO#FA#LA#RE#

# F#maj7

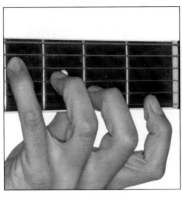

FA# LA# DO# MI#

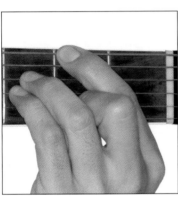

FA# MI# LA# DO#

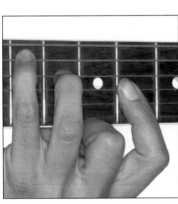

VI

FA# LA# DO# MI# LA#

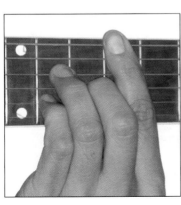

IX

DO# FA# DO# MI# LA# DO#

# F#maj9

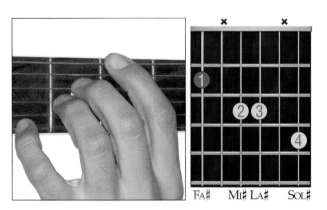

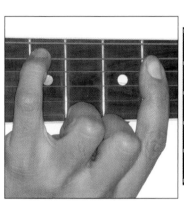

FA#    MI# LA#    SOL#

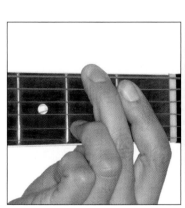

VI

FA#SOL#DO#MI#LA#

# F#maj13

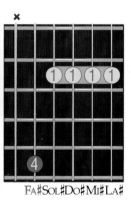

FA#

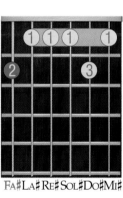

FA#LA#RE#SOL#DO#MI#

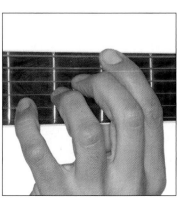

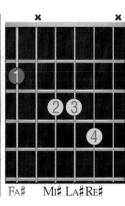

FA#    MI# LA# RE#

137

# F#m

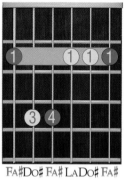

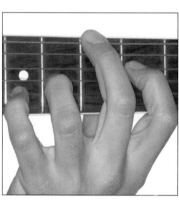

FA#DO# FA# LADO# FA#

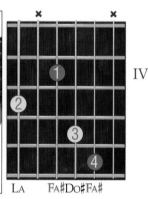

IV

LA    FA#DO#FA#

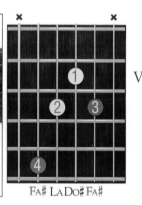

VI

FA# LADO#FA#

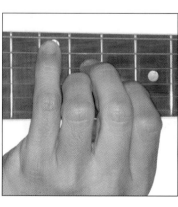

X

LADO#FA# LA

# F#m

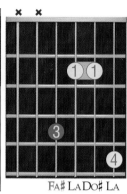

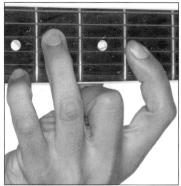

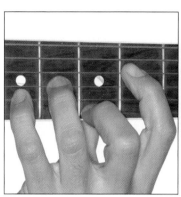

Fa# La Do# La

IV

Fa# Do# Fa# La

Fa#

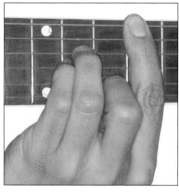

IX

Do# Fa# Do# Fa# La Do#

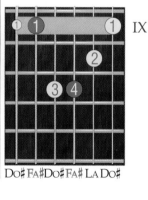

XI

Do# La Do# Fa#

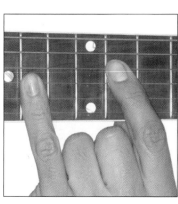

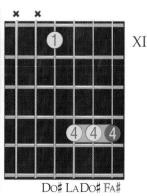

139

# F♯m6

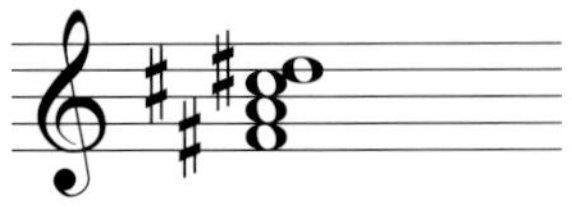

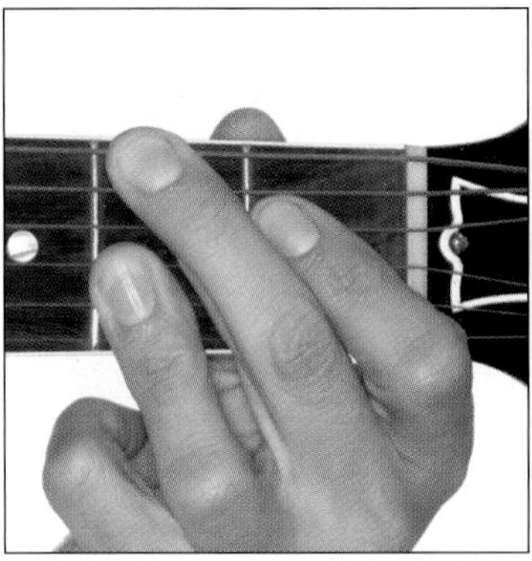

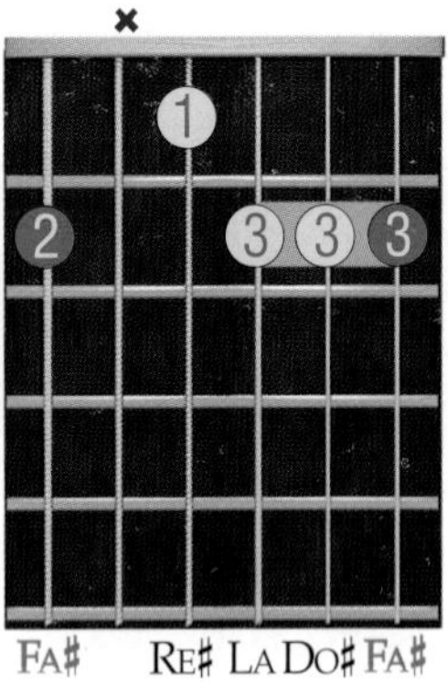
1
2
3 3 3
FA♯ RE♯ LA DO♯ FA♯

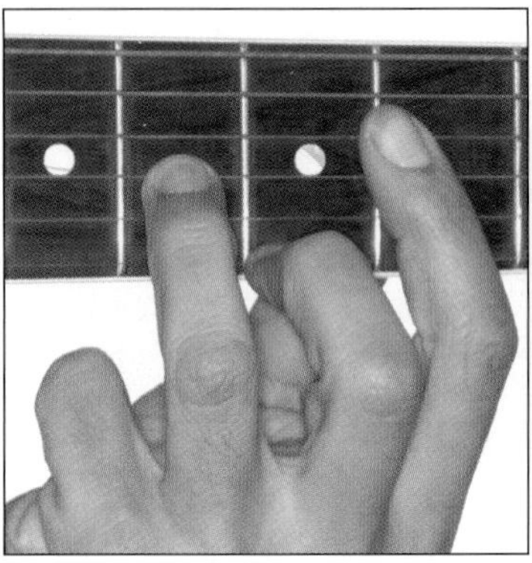

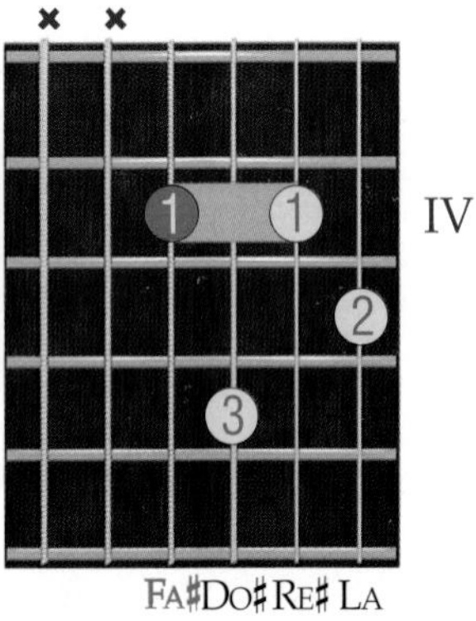
1 1
IV
2
3
FA♯ DO♯ RE♯ LA



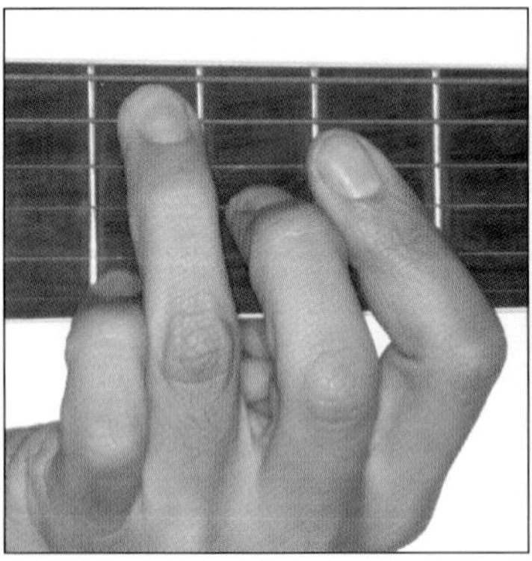

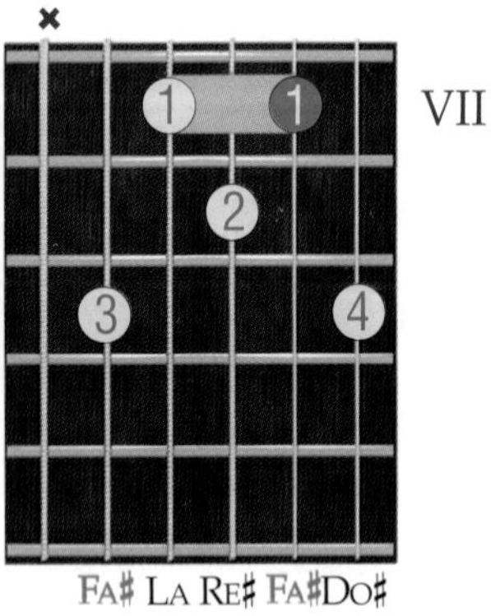
1 1
VII
2
3 4
FA♯ LA RE♯ FA♯ DO♯

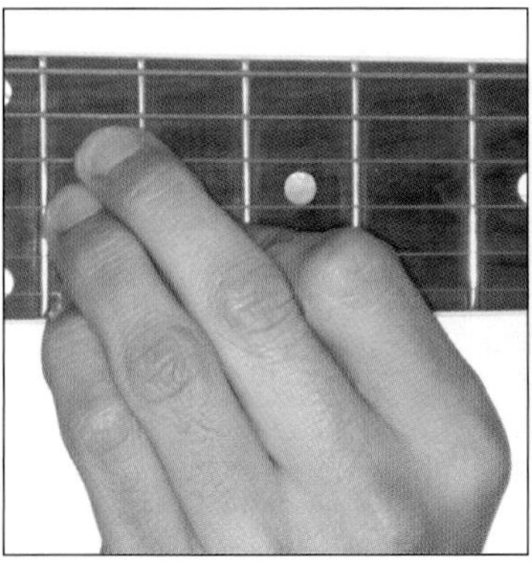

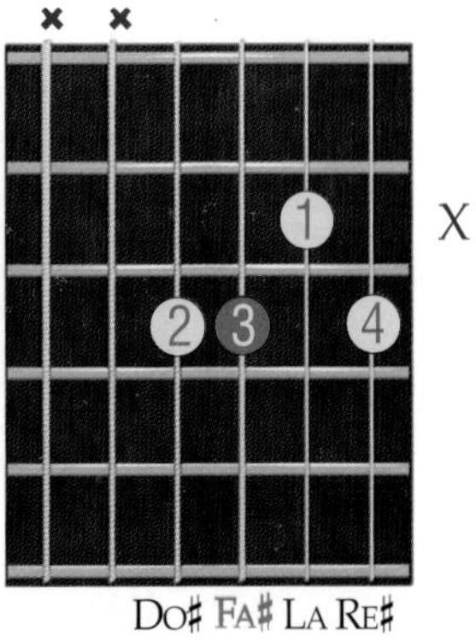
1
X
2 3 4
DO♯ FA♯ LA RE♯

# F#m7

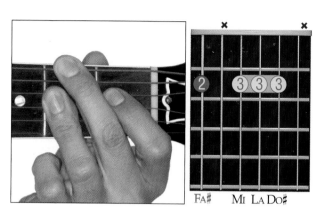

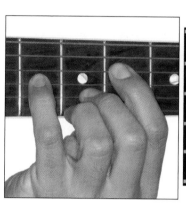

FA#    MI LA DO#

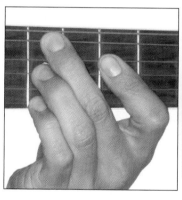

FA# DO# MI LA    IV

FA#

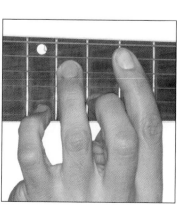

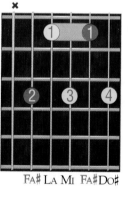

FA# LA MI FA#DO#    VII

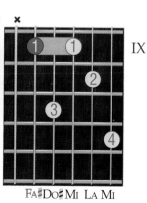

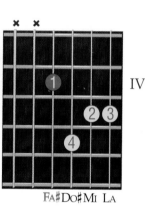

FA#DO# MI LA MI    IX

# F#m(maj7)

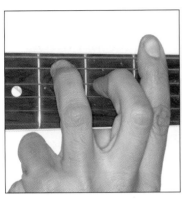

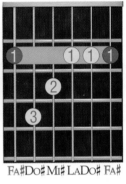

FA#DO#MI#LADO# FA#

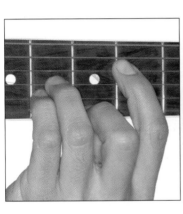

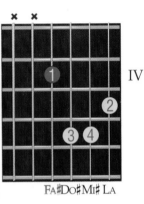

IV

FA#DO#MI# LA

# F#m9

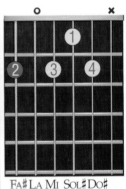

FA# LA MI SOL#DO#

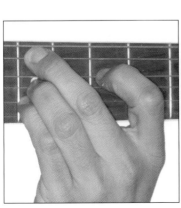

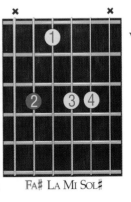

VII

FA# LA MI SOL#

# F#m11

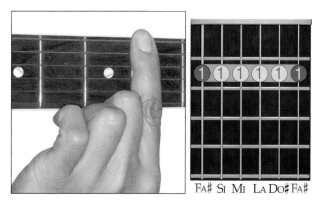

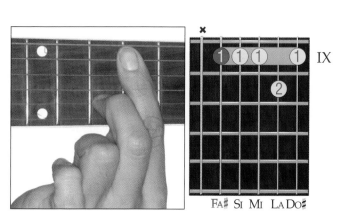

FA# SI MI LA DO# FA#

FA# SI MI LA DO#    IX

# F#m13

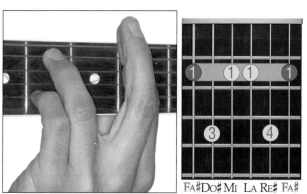

FA# DO# MI LA RE# FA#

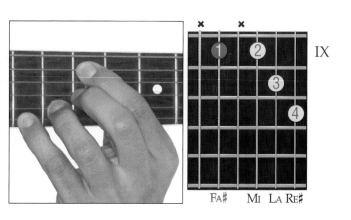

FA#    MI LA RE#    IX

# F♯m7♭5

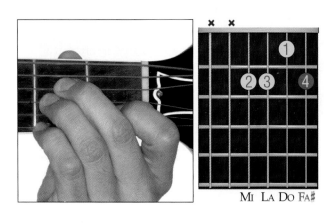

MI LA DO FA♯

IV

FA♯ DO MI LA

# FA♯°7

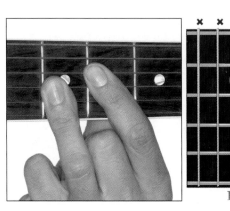

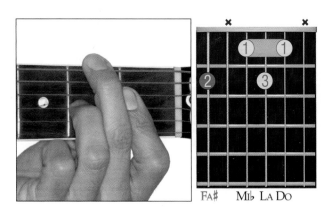

FA♯ MI♭ LA DO

V

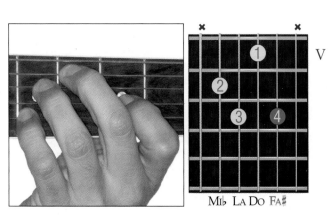

MI♭ LA DO FA♯

# F#7

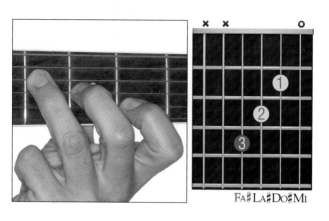

FA#LA#DO#MI

FA#

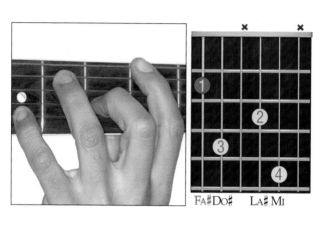

FA#DO#  LA# MI

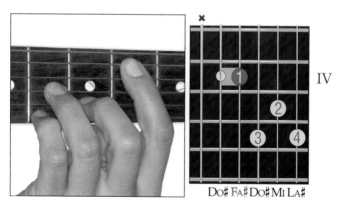

IV

DO# FA#DO#MI LA#

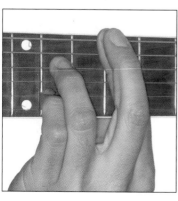
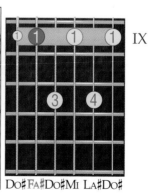

IX

DO#FA#DO#MI LA#DO#

# F#7

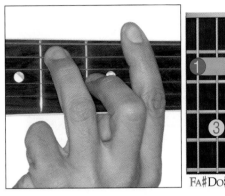

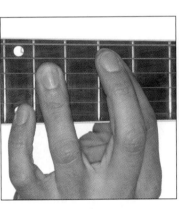

FA#DO#MI LA#DO#FA#

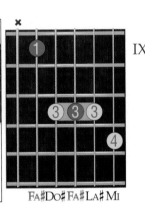

IX

FA#DO#FA#LA#MI

FA#

# F#7sus4

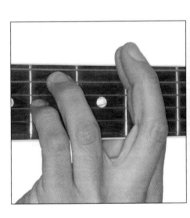

FA#DO#MI SI DO#FA#

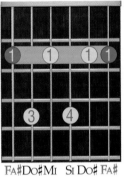

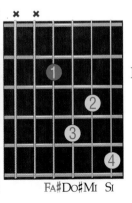

IV

FA#DO#MI SI

# F#7♭5

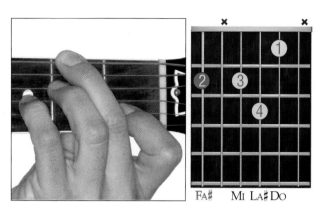

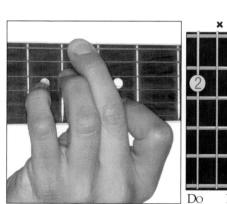

FA#     MI LA# DO

DO     LA# MI FA#    VII

FA#

# F#7⁺

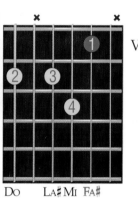

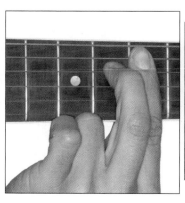

FA#     MI LA# DO⨯

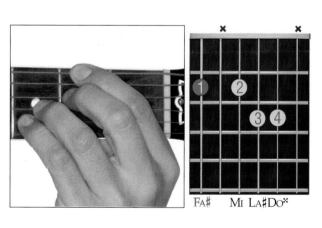

MI LA# DO⨯ FA#    VII

# F#9

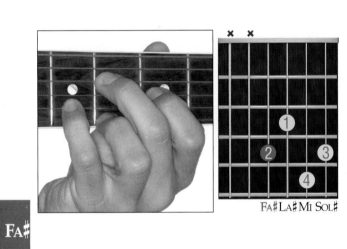

LA♯ MI SOL♯DO♯FA♯

FA♯LA♯ MI SOL♯

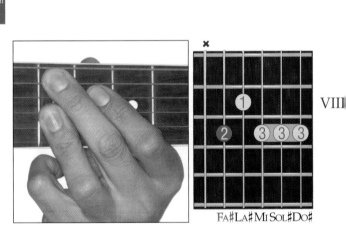

VIII

FA♯LA♯MI SOL♯DO♯

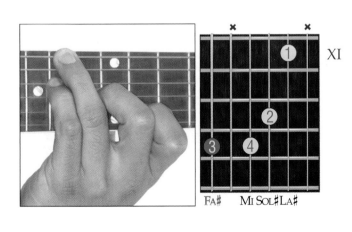

XI

FA♯ MI SOL♯LA♯

148

# F#9sus4

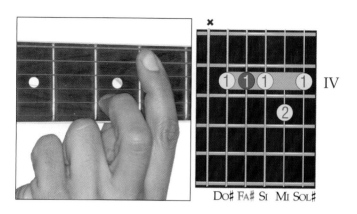

IV

Do# Fa# Si Mi Sol#

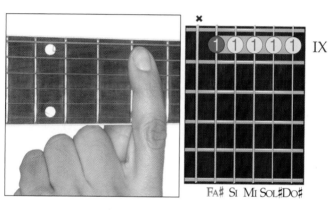

IX

Fa# Si Mi Sol# Do#

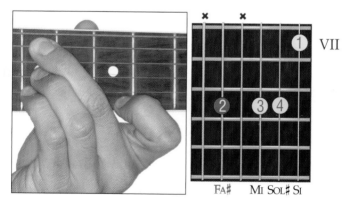

VII

Fa# Mi Sol# Si

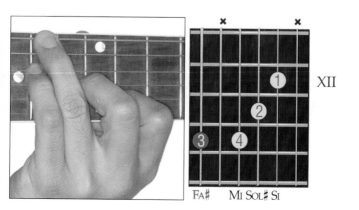

XII

Fa# Mi Sol# Si

# F#9♭5

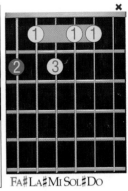

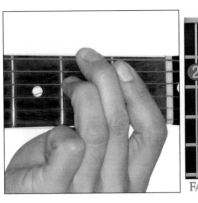

FA#LA#MI SOL#DO

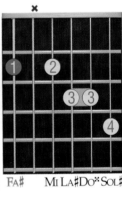

VIII

FA#LA#MI SOL#DO

# F#9⁺

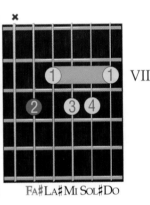

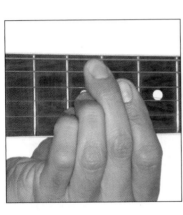

FA# MI LA#DO× SOL#

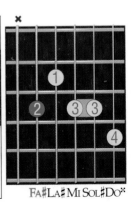

VIII

FA#LA# MI SOL#DO×

# F#13

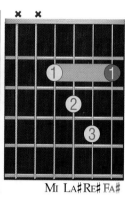

MI LA# RE# FA#

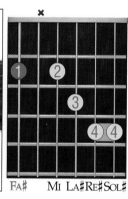

FA# MI LA# RE# SOL#

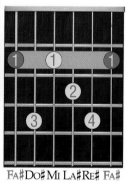

FA# DO# MI LA# RE# FA#

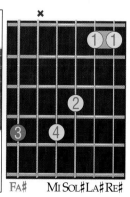

XI

FA# MI SOL# LA# RE#

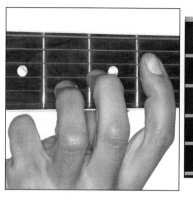

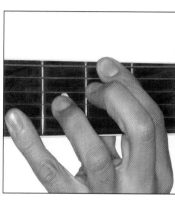

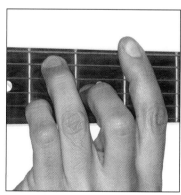

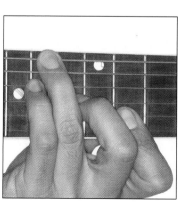

# G

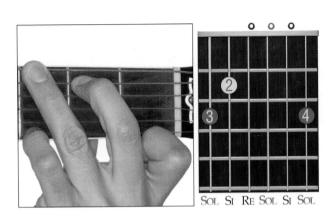

SOL SI RE SOL SI SOL

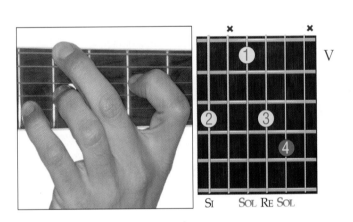

V

SI  SOL RE SOL

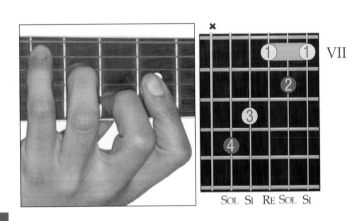

VII

SOL SI RE SOL SI

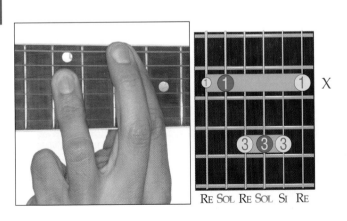

X

RE SOL RE SOL SI RE

# G

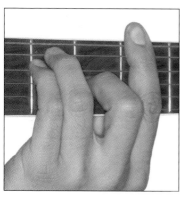

Sol Re Sol Si Re Sol

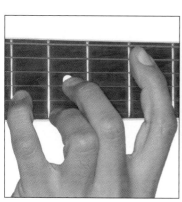
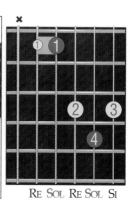

V

Re Sol Re Sol Si

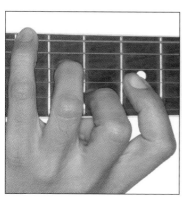
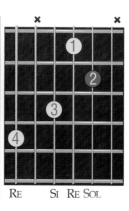

VII

Re Si Re Sol

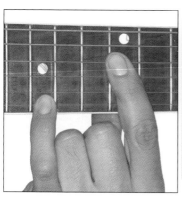
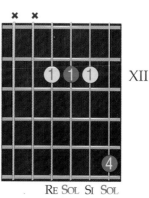

XII

Re Sol Si Sol

153

# Gsus4

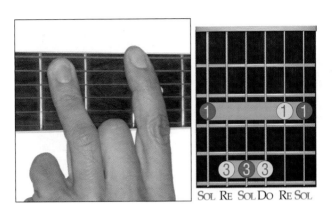

SOL RE SOL DO RE SOL

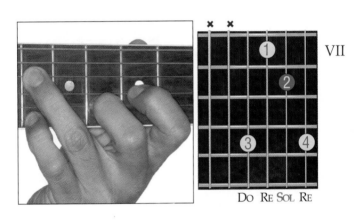

VII

DO RE SOL RE

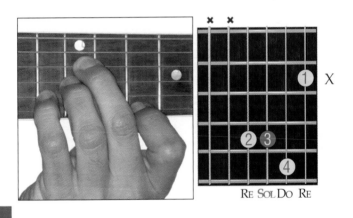

X

RE SOL DO RE

SOL

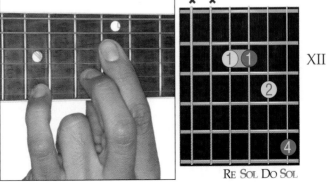

XII

RE SOL DO SOL

# G6

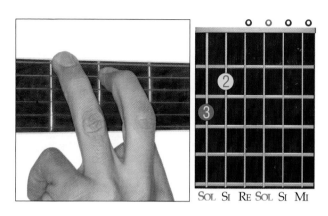

SOL SI RE SOL SI MI

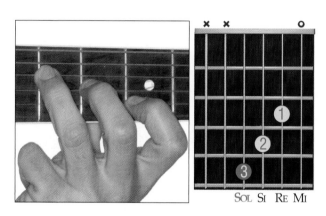

SOL SI RE MI

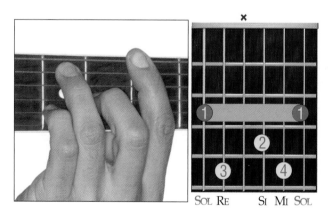

SOL RE SI MI SOL

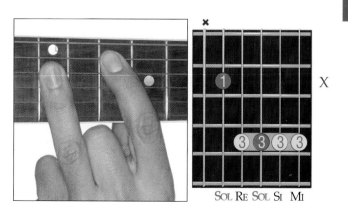

X

SOL RE SOL SI MI

# G$^6_9$

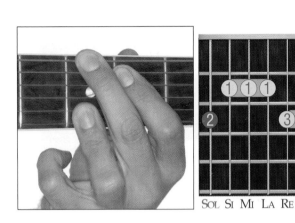

SOL SI MI LA RE SOL

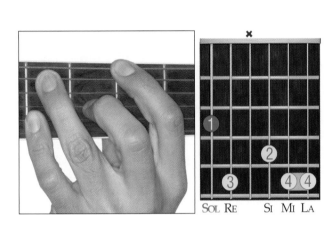

SOL RE    SI MI LA

IV

RE SOL SI MI LA

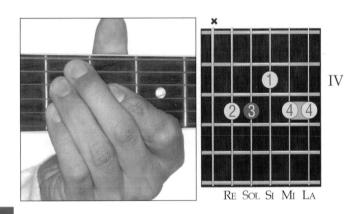

VII

MI LA RE SOL SI

# Gmaj7

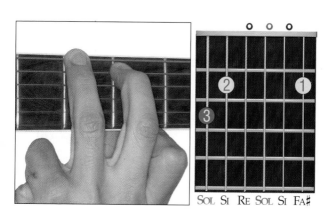

SOL SI RE SOL SI FA#

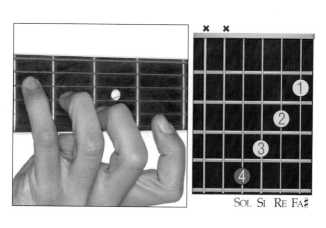

SOL SI RE FA#

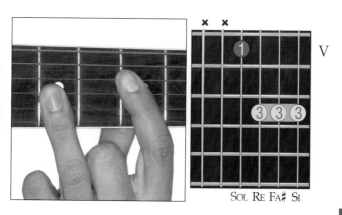

V

SOL RE FA# SI

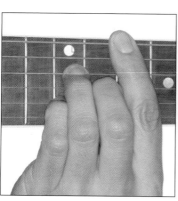

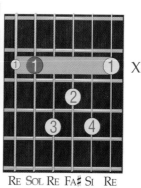

X

RE SOL RE FA# SI RE

157

# Gmaj9

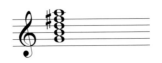

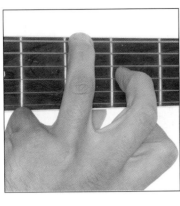

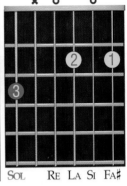

Sol Re La Si Fa♯

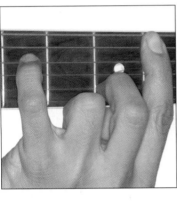

Si Sol La Re Fa♯

# Gmaj13

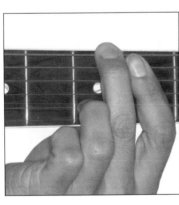

Sol Si Mi La Re Fa♯

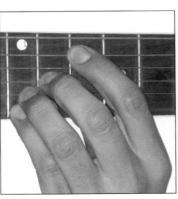

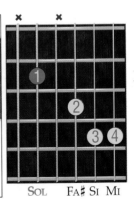

X

Sol Fa♯ Si Mi

# Gm

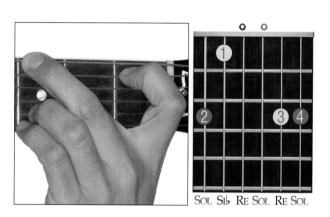

SOL SIb RE SOL RE SOL

III

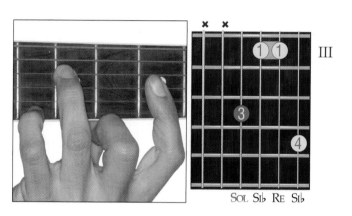

SOL SIb RE SIb

VI

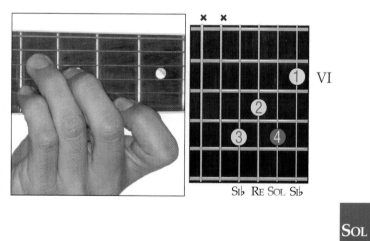

SIb RE SOL SIb

X

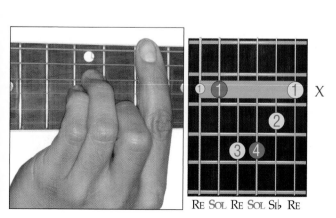

RE SOL RE SOL SIb RE

159

# Gm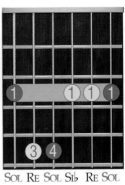

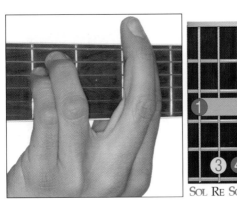

Sol Re Sol Si♭ Re Sol

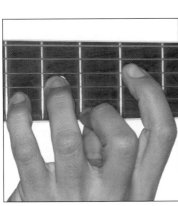 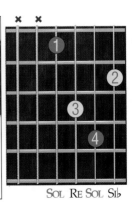

V

Sol Re Sol Si♭

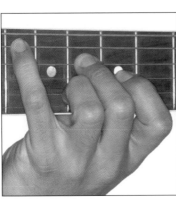 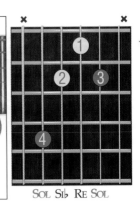

VII

Sol Si♭ Re Sol

**Sol**

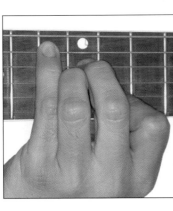 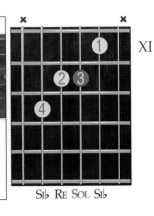

XI

Si♭ Re Sol Si♭

# Gm6

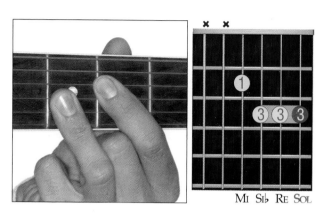

MI SIb RE SOL

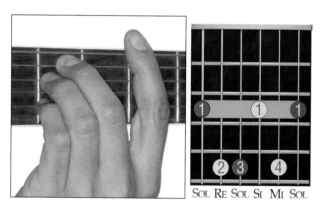

SOL RE SOL SI MI SOL

VII

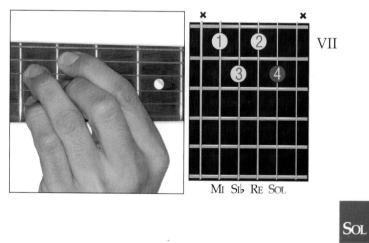

MI SIb RE SOL

SOL

IX

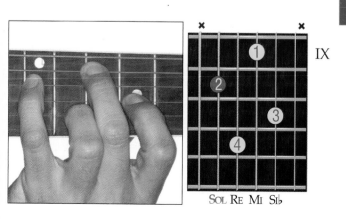

SOL RE MI SIb

# Gm7

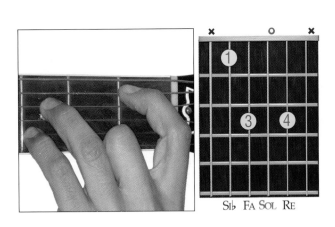

Si♭ Fa Sol Re

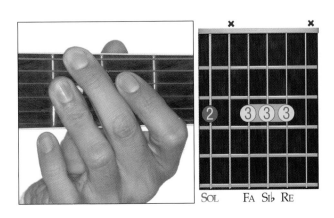

Sol Fa Si♭ Re

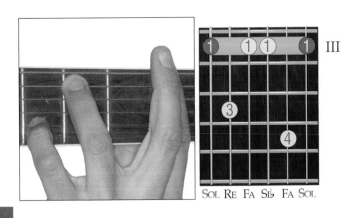

III

Sol Re Fa Si♭ Fa Sol

**Sol**

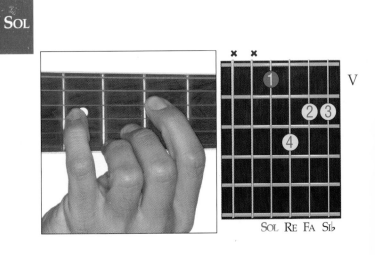

V

Sol Re Fa Si♭

# Gm(maj7)

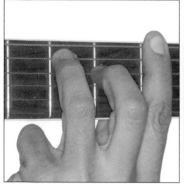
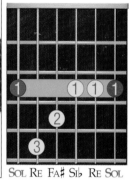

SOL RE FA# SIb RE SOL

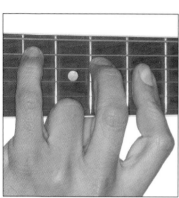
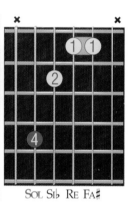

VII

SOL SIb RE FA#

# Gm9

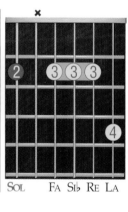

SOL FA SIb RE LA

SOL

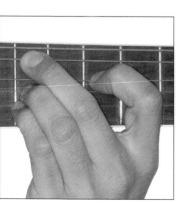
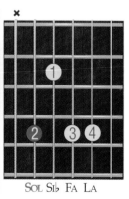

VIII

SOL SIb FA LA

# Gm11

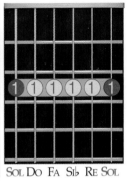

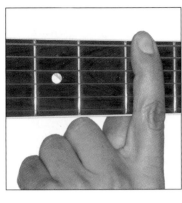

SOL DO FA SI♭ RE SOL

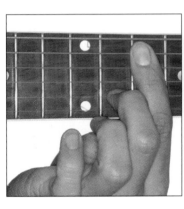

X

SOL DO FA SI♭ RE

# Gm13

SOL RE FA SI♭ MI SOL

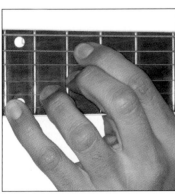

X

SOL FA SI♭ MI

# Gm7♭5

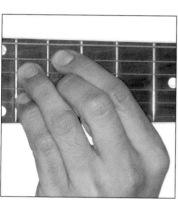

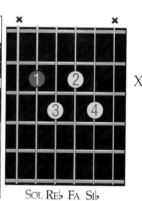

SoL Re♭ Fa Si♭

V

SoL Re♭ Fa Si♭

X

# G°7

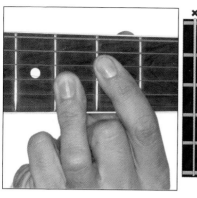

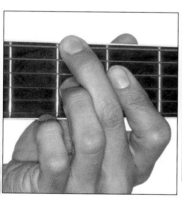

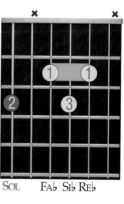

SoL   Fa♭ Si♭ Re♭

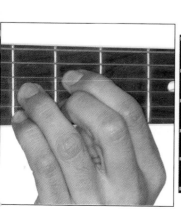

V

SoL Re♭ Fa♭ Si♭

SoL

165

# G7

SOL · · · FA · SI · RE

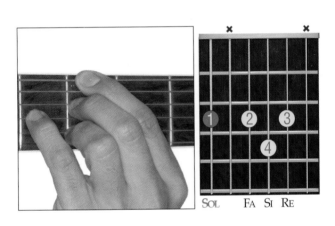

SOL RE FA SI RE SOL

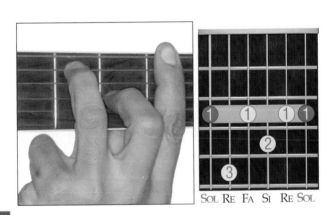

SOL SI RE SOL SI FA

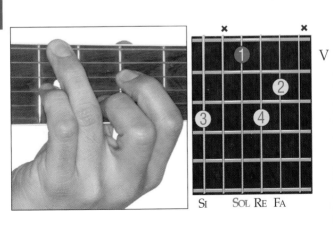

V

SI · SOL RE FA

# G7

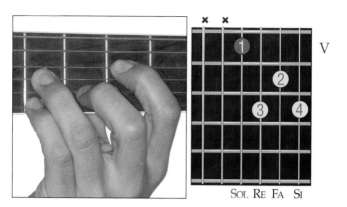

SOL RE FA SI

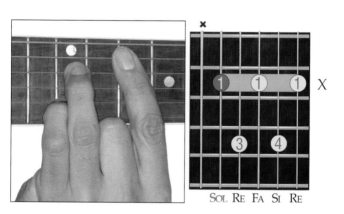

SOL RE FA SI RE

# G7sus4

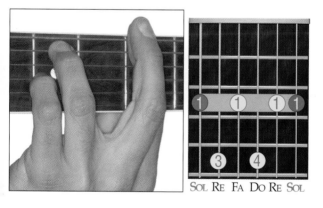

SOL RE FA DO RE SOL

SOL

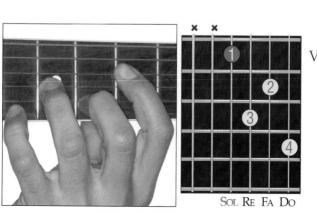

SOL RE FA DO

# G7♭5

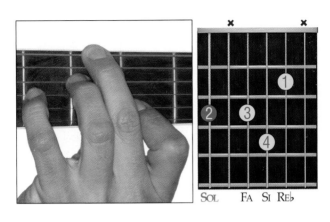

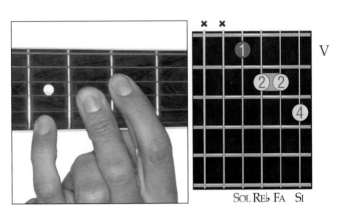

Sol    Fa   Si   Re♭

V

Sol Re♭ Fa   Si

# G7⁺

Sol    Fa   Si   Re♯

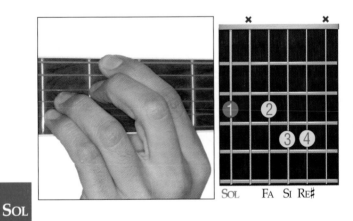

X

Sol    Fa   Si   Re♯

# G9

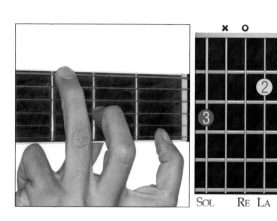

SOL     RE LA SI FA

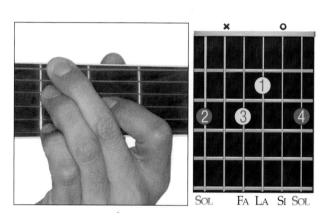

SOL     FA LA SI SOL

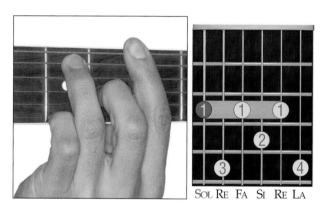

SOL RE FA SI RE LA

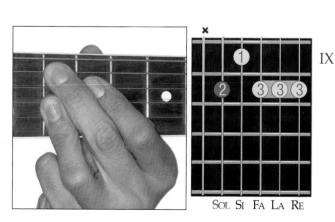

IX

SOL SI FA LA RE

# G9sus4

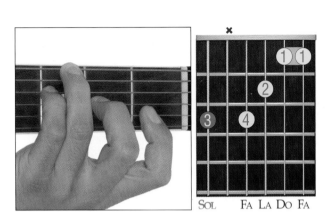

SOL    FA LA DO FA

VIII

SOL    FA LA DO

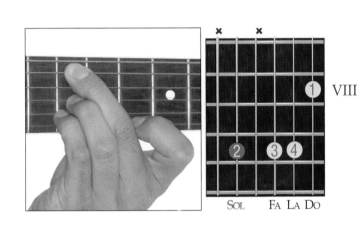

V

RE SOL DO FA LA

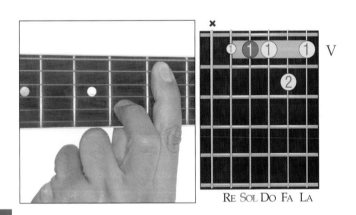

X

SOL DO FA LA RE

# G9♭5

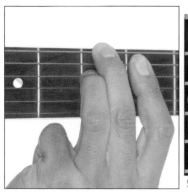

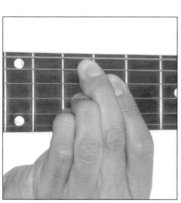 

Sol Si Fa La Re♭

IX

Sol Si Fa La Re♭

# G9⁺

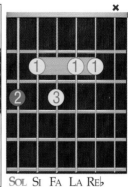

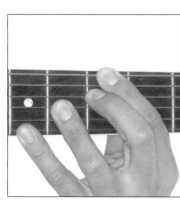 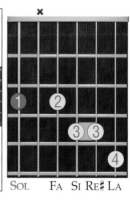

Sol Fa Si Re♯ La

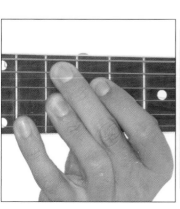 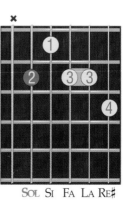

IX

Sol Si Fa La Re♯

# G13

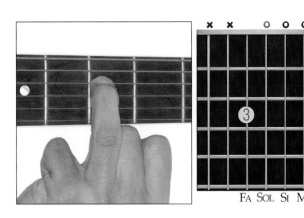

× × ○ ○ ○

③

FA SOL SI MI

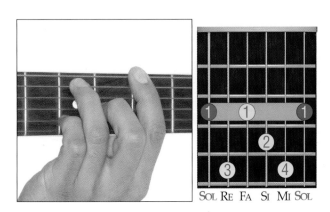

① ① ①
②
③ ④

SOL RE FA SI MI SOL

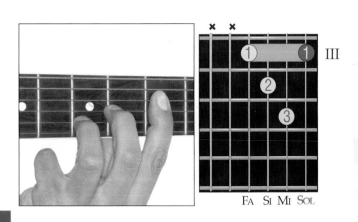

× ×

① ①
②
③

III

FA SI MI SOL

SOL

×

①
② ③ ③
④

IX

SOL SI FA LA MI

# A♭

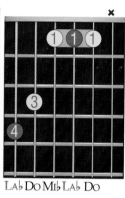

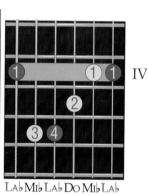

La♭ Do Mi♭ La♭ Do

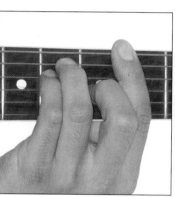

IV

La♭ Mi♭ La♭ Do Mi♭ La♭

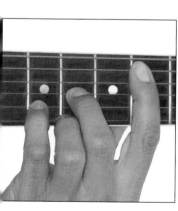

VI

Mi♭ La♭ Mi♭ La♭ Do

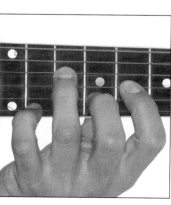

VIII

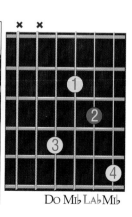

Do Mi♭ La♭ Mi♭

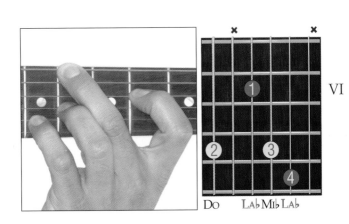

Mi♭ La♭ Do La♭

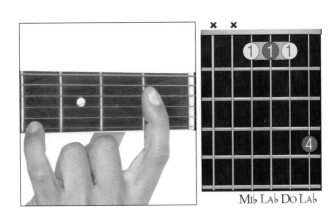

VI

Do    La♭ Mi♭ La♭

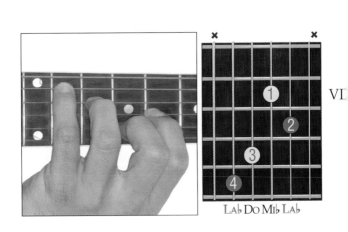

VI

La♭ Do Mi♭ La♭

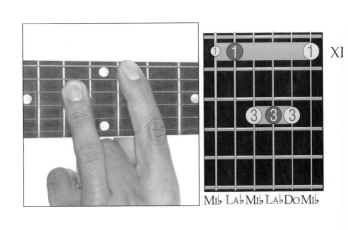

XI

Mi♭ La♭ Mi♭ La♭ Do Mi♭

# A♭sus4

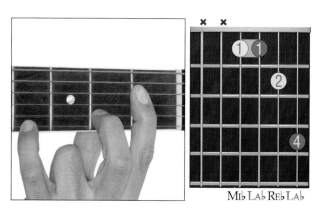

Mi♭ La♭ Re♭ La♭

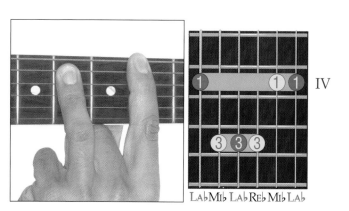

IV

La♭ Mi♭ La♭ Re♭ Mi♭ La♭

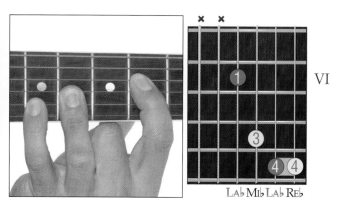

VI

La♭ Mi♭ La♭ Re♭

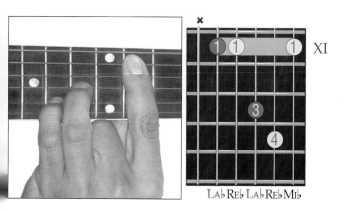

XI

La♭ Re♭ La♭ Re♭ Mi♭

LAb

# Ab6

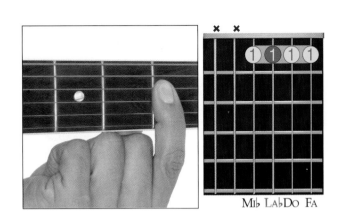

Mib Lab Do Fa

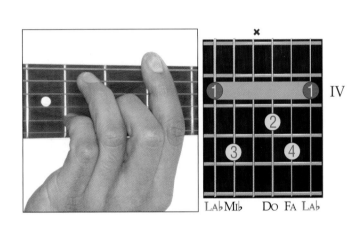

IV

Lab Mib Do Fa Lab

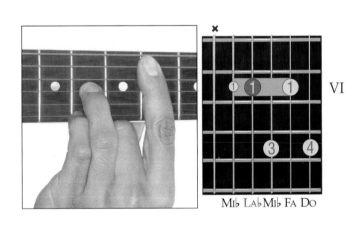

VI

Mib Lab Mib Fa Do

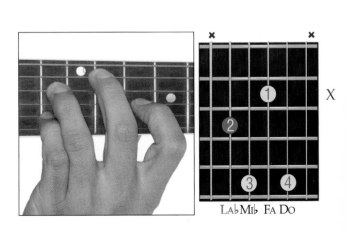

X

Lab Mib Fa Do

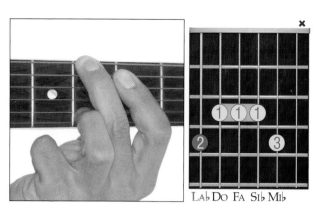

LAb Do FA SIb MIb

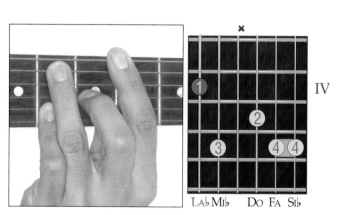

IV

LAb MIb Do FA SIb

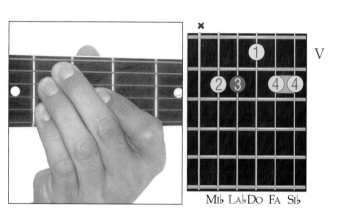

V

MIb LAb Do FA SIb

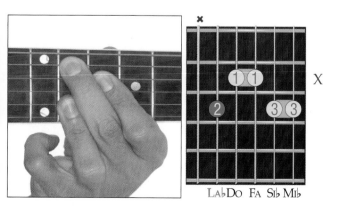

X

LAb Do FA SIb MIb

177

# Abmaj7

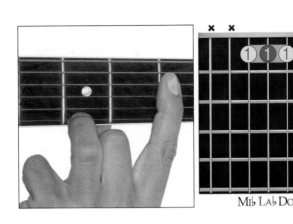

Mib Lab Do Sol

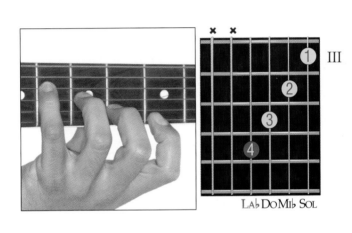

III

Lab Do Mib Sol

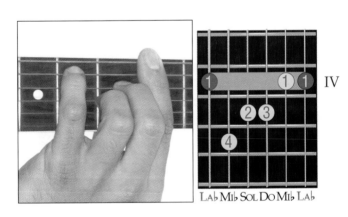

IV

Lab Mib Sol Do Mib Lab

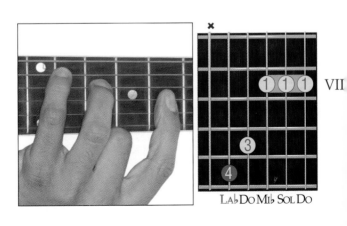

VII

Lab Do Mib Sol Do

# LAbmaj9

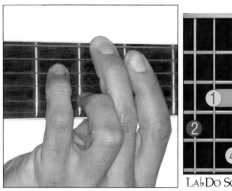

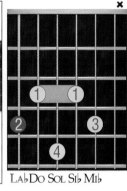

**LAb**

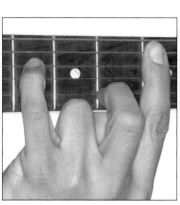

LAb DO SOL SIb MIb

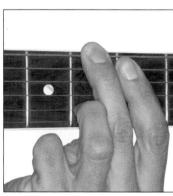

III

DO LAb SIb MIb SOL

# Abmaj13

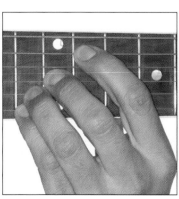

LAb DO FA SIb MIb SOL

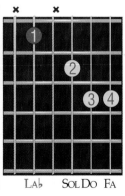

XI

LAb   SOL DO FA

# Abm

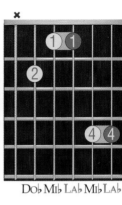

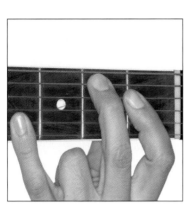

Dob Mib Lab Mib Lab

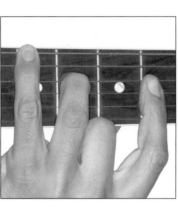

IV

Dob    Lab Dob Mib Lab

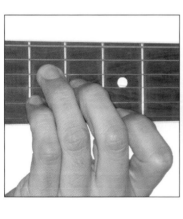

VII

Dob Mib Lab Dob

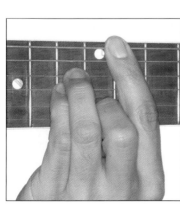

XI

Mib Lab Mib Lab Dob Mib

# A♭m

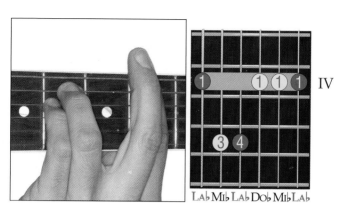

La♭ Mi♭ La♭ Do♭ Mi♭ La♭    IV

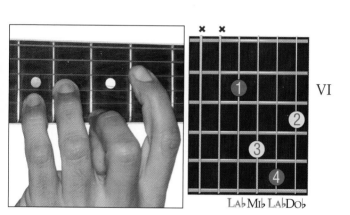

La♭ Mi♭ La♭ Do♭    VI

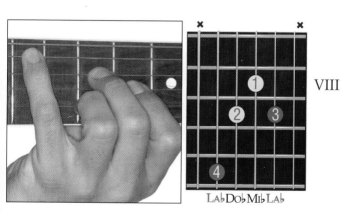

La♭ Do♭ Mi♭ La♭    VIII

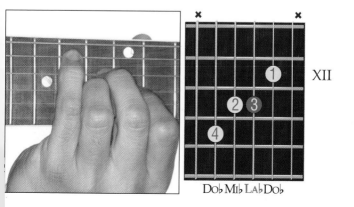

Do♭ Mi♭ La♭ Do♭    XII

# Abm6

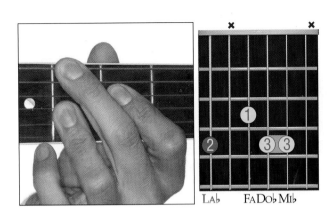

Lab        FaDob Mib

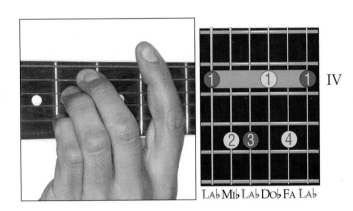

IV

Lab Mib Lab Dob Fa Lab

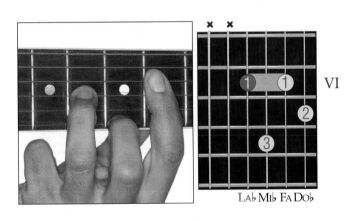

VI

Lab Mib Fa Dob

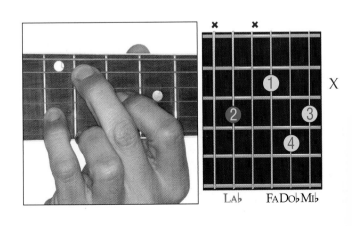

X

Lab        FaDob Mib

# A♭m7

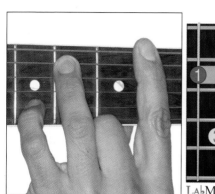

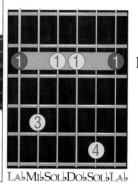

LA♭

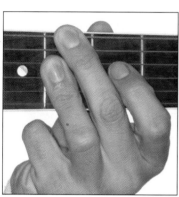

IV

La♭ Mi♭ Sol♭ Do♭ Sol♭ La♭

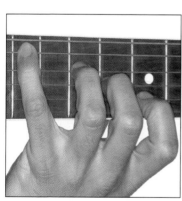

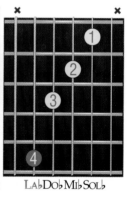

IV

La♭ Sol♭ Do♭ Mi♭

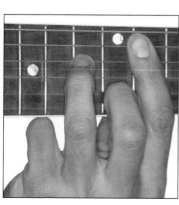

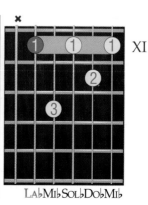

VII

La♭ Do♭ Mi♭ Sol♭

XI

La♭ Mi♭ Sol♭ Do♭ Mi♭

# A♭m(maj7)

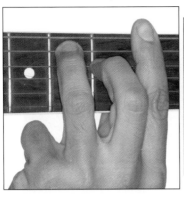

LA♭ MI♭ SOL DO♭ MI♭ LA♭

IV

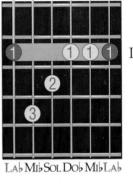

LA♭ MI♭ SOL DO♭

VI

# A♭m9

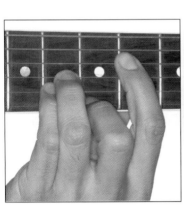

DO♭ SOL♭ SI♭ MI♭ LA♭

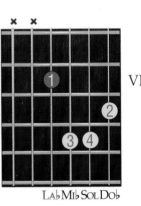

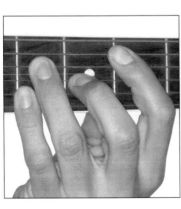

LA♭ SOL♭ DO♭ MI♭ SI♭

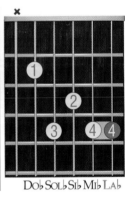

IV

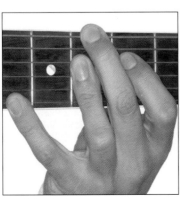

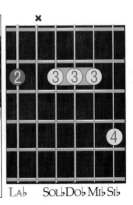

# Abm11

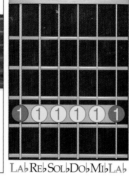

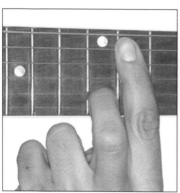
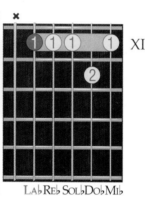

LabRebSolbDobMibLab

XI

LabRebSolbDobMib

# Abm13

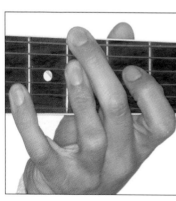
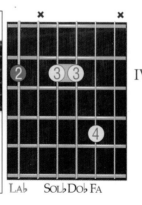

IV

Lab  SolbDob Fa

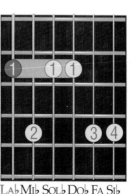

IV

LabMibSolbDob Fa Sib

# Abm7b5

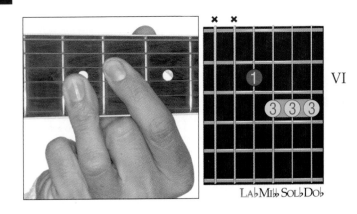

VI

XI

# Ab°7

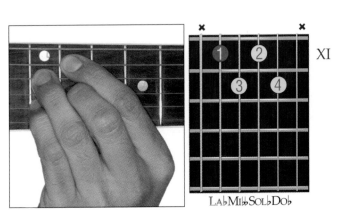

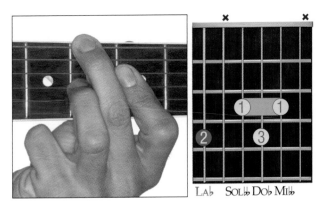

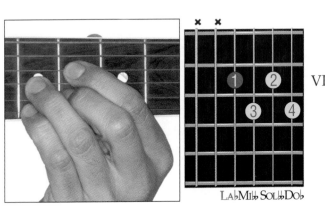

VI

# Ab7

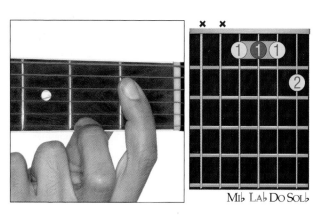

Mib Lab Do Solb

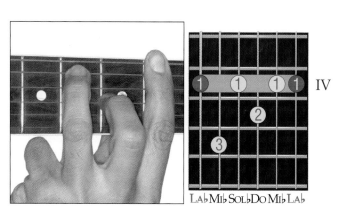

Lab Mib Solb Do Mib Lab        IV

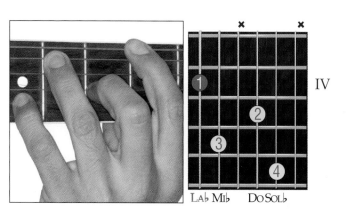

Lab Mib    Do Solb        IV

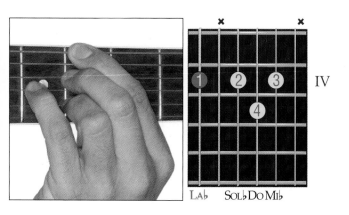

Lab    Solb Do Mib        IV

# Ab7

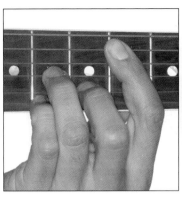

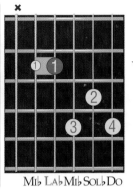

VI

Mib Lab Mib Solb Do

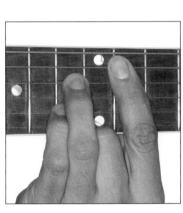

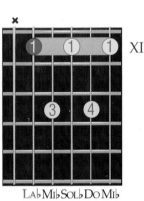

XI

Lab Mib Solb Do Mib

# Ab7sus4

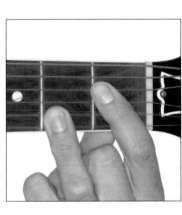

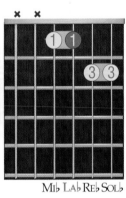

Mib Lab Reb Solb

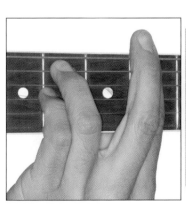

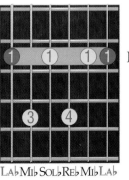

IV

Lab Mib Solb Reb Mib Lab

# Ab7b5

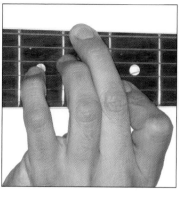

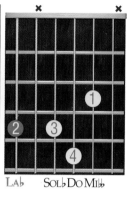

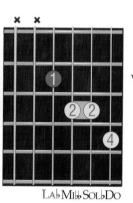

Lab     Solb Do Mibb

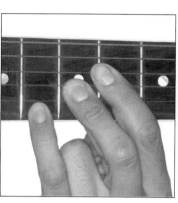

VI

Lab Mibb Solb Do

# Ab7+

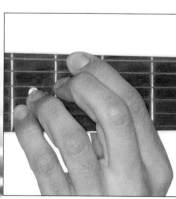

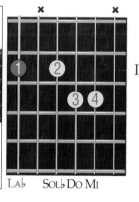

IV

Lab     Solb Do Mi

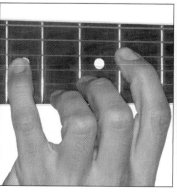

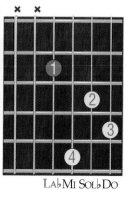

VI

Lab Mi Solb Do

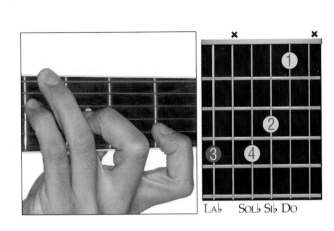

LA♭    SOL♭ SI♭ DO

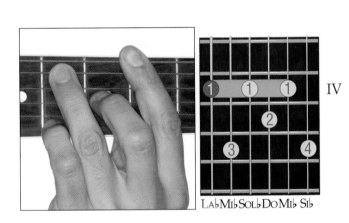

IV

LA♭ MI♭ SOL♭ DO MI♭ SI♭

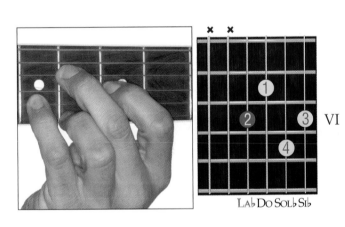

VI

LA♭ DO SOL♭ SI♭

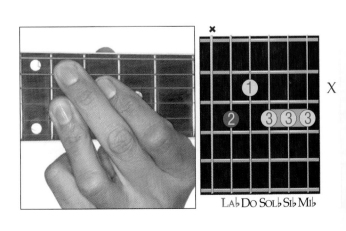

X

LA♭ DO SOL♭ SI♭ MI♭

# Ab9sus4

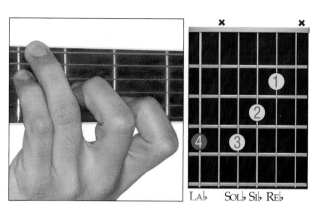

Lab  Solb  Sib  Reb

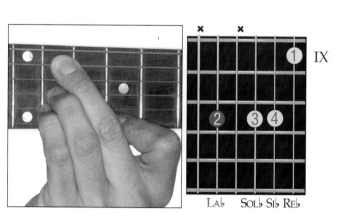

IX

Lab  Solb  Sib  Reb

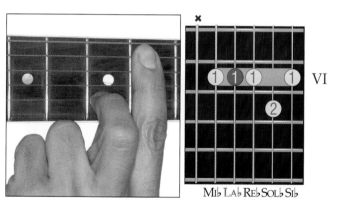

VI

Mib Lab Reb Solb Sib

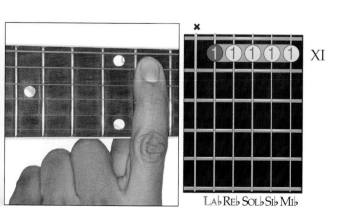

XI

Lab Reb Solb Sib Mib

# A♭9♭5

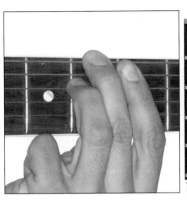

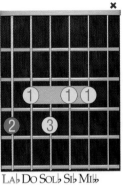

La♭ Do Sol♭ Si♭ Mi♭♭

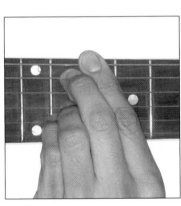

X

Mi♭♭ La♭ Do Sol♭ Si♭

# A♭9+

La♭ Do Sol♭ Si♭ Mi

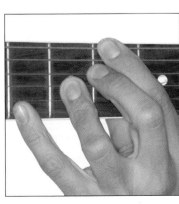

IV

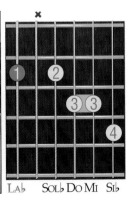

La♭ Sol♭ Do Mi Si♭

192

# A♭13

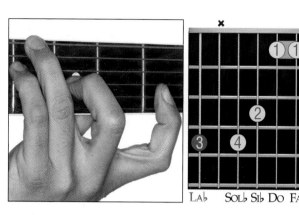

La♭ Sol♭ Si♭ Do Fa

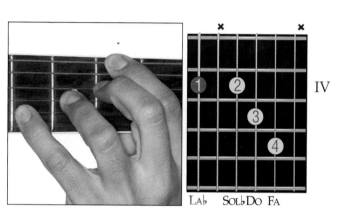

IV

La♭ Sol♭ Do Fa

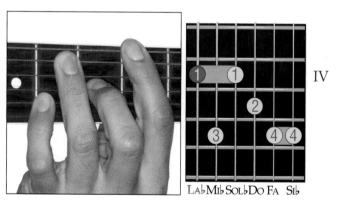

IV

La♭ Mi♭ Sol♭ Do Fa Si♭

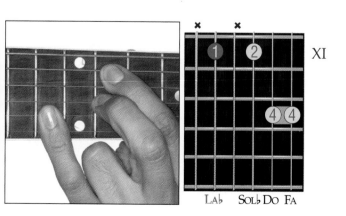

XI

La♭ Sol♭ Do Fa

# A

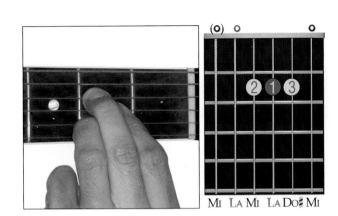

MI LA MI LA DO♯ MI

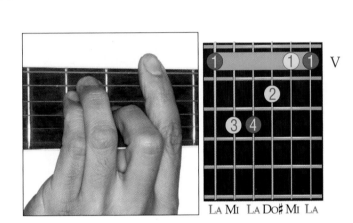

V

LA MI LA DO♯ MI LA

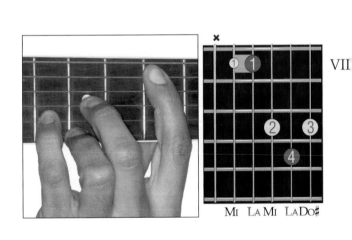

VII

MI LA MI LA DO♯

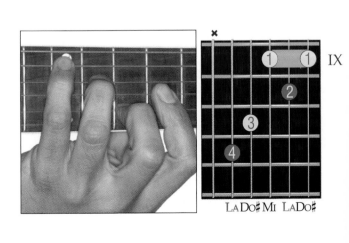

IX

LA DO♯ MI LA DO♯

194

# A

LA

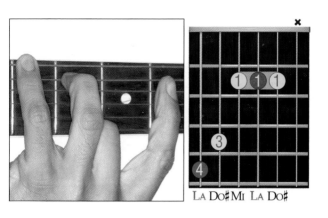

LA DO# MI LA DO#

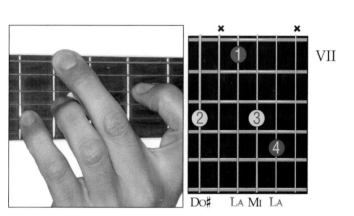

VII

DO# LA MI LA

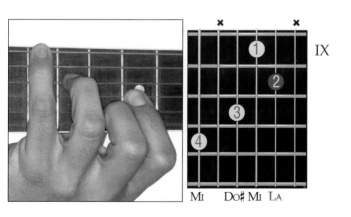

IX

MI DO# MI LA

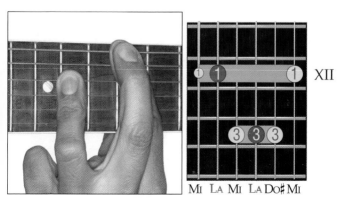

XII

MI LA MI LA DO# MI

# A6

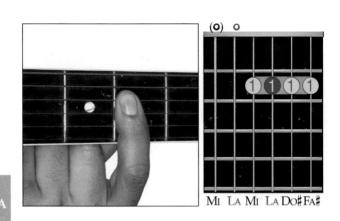

Mi La Mi La Do♯ Fa♯

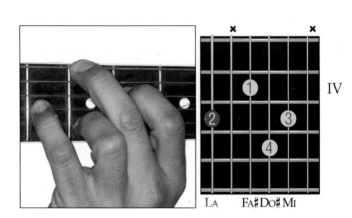

IV

La Fa♯ Do♯ Mi

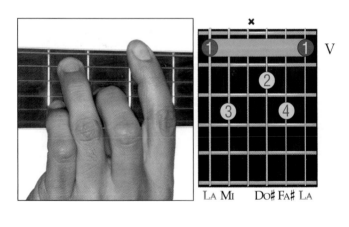

V

La Mi Do♯ Fa♯ La

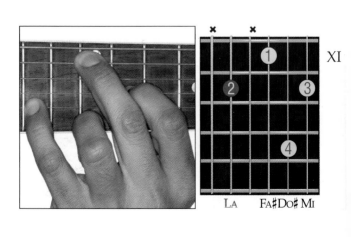

XI

La Fa♯ Do♯ Mi

# Asus4

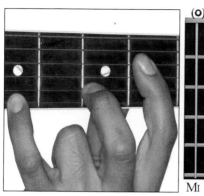
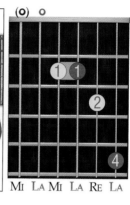

MI LA MI LA RE LA

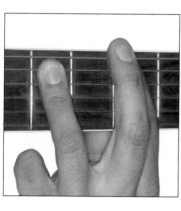

V

LA MI LA RE MI LA

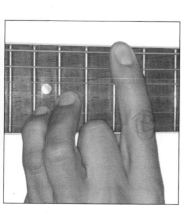

VII

MI LA RE LA RE

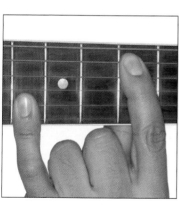
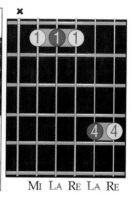

XII

MI LA RE LA RE MI

# A $^6_9$

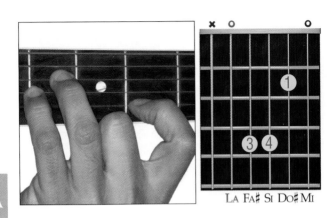

La Fa# Si Do# Mi

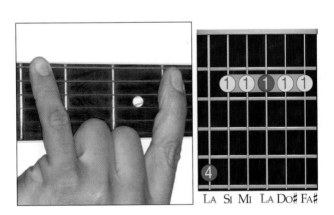

La Si Mi La Do# Fa#

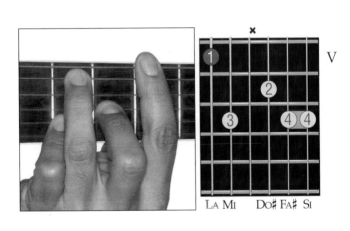

V

La Mi Do# Fa# Si

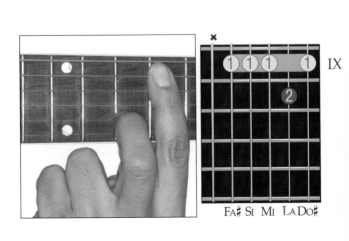

IX

Fa# Si Mi La Do#

# Amaj7

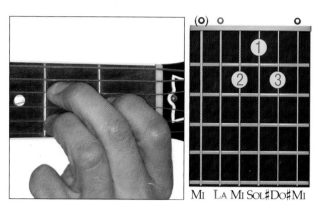

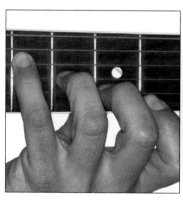

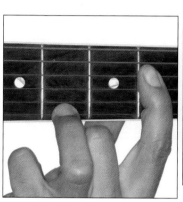

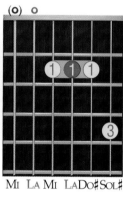

Mi La Mi Sol# Do# Mi

Mi La Mi La Do# Sol#

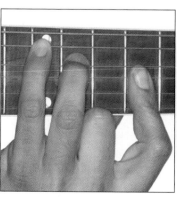

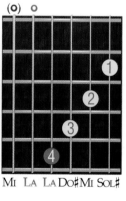

Mi La La Do# Mi Sol#    IV

La Do Mi Sol# Do#    IX

# Amaj9

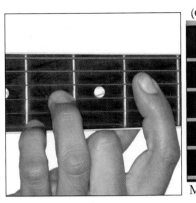

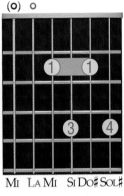

MI LA MI SI DO♯ SOL♯

V

LA SOL♯DO♯ SI

# Amaj13

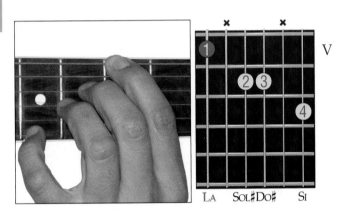

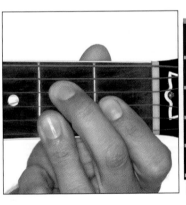

MI LA MI SOL♯DO♯FA♯

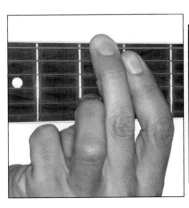

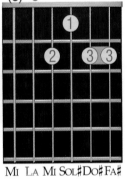

IV

LA DO♯ FA♯ SI MI SOL♯

# Am

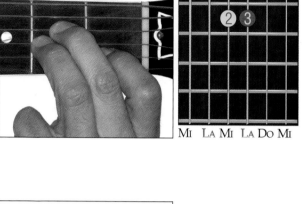

MI LA MI LA DO MI

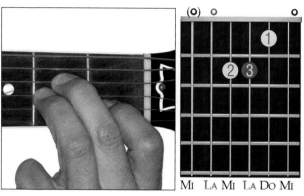

V

LA MI LA DO MI LA

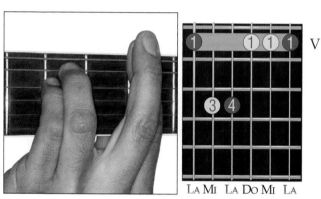

VII

MI DO MI LA

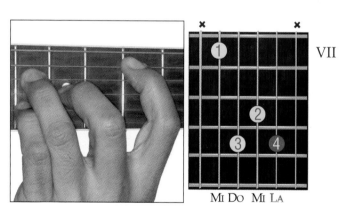

IX

LA DO MI LA

# Am

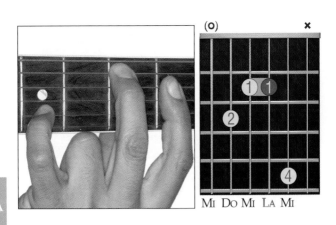

MI DO MI LA MI

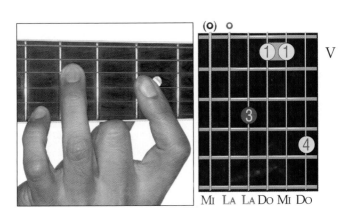

V

MI LA LA DO MI DO

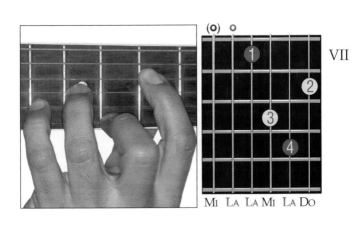

VII

MI LA LA MI LA DO

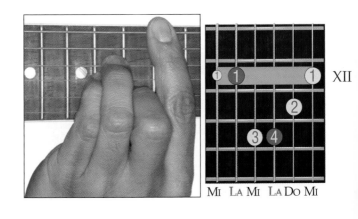

XII

MI LA MI LA DO MI

# Am6

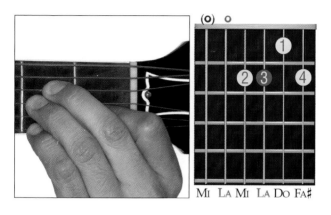

MI LA MI LA DO FA♯

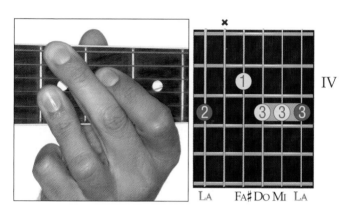

IV

LA FA♯ DO MI LA

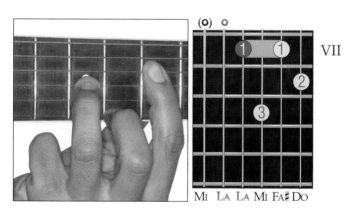

VII

MI LA LA MI FA♯ DO

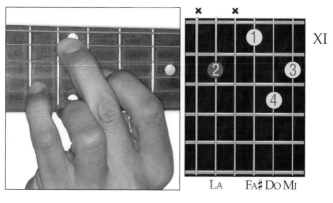

XI

LA FA♯ DO MI

# Am7

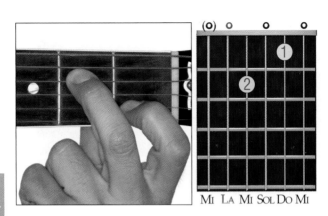

MI LA MI SOL DO MI

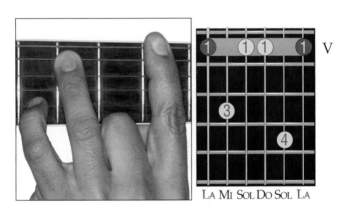

V

LA MI SOL DO SOL LA

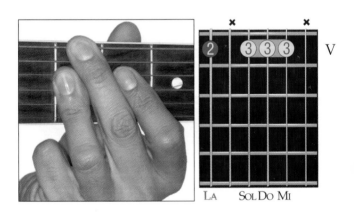

V

LA SOL DO MI

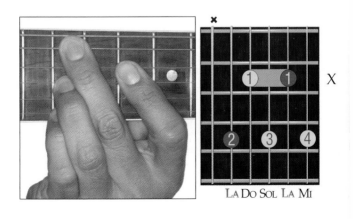

X

LA DO SOL LA MI

204

# Am(maj7)

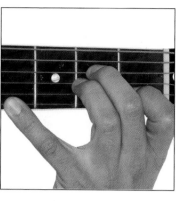

Mi La Mi La Do Sol#

La

La Mi Sol# Do Mi La

V

# Am9

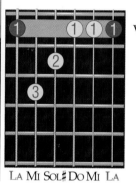

La Do Mi Sol Si Mi

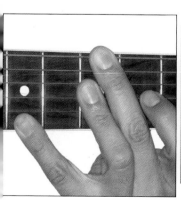

La Sol Do Mi Si

V

# Am11

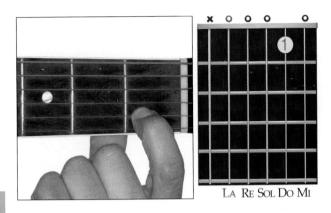

LA RE SOL DO MI

VII

MI LA RE SOL DO

# Am13

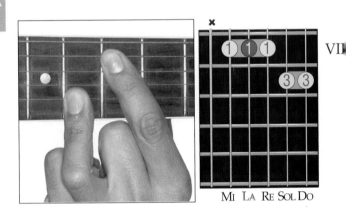

LA MI SOL DO FA♯

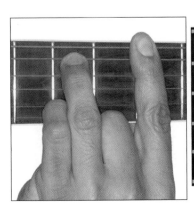

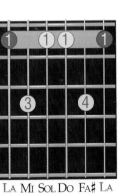

V

LA MI SOL DO FA♯ LA

# Am7♭5

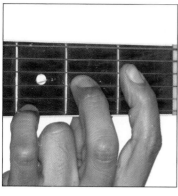

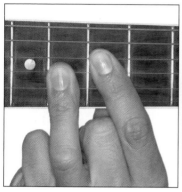

La Mi♭ La Do Sol

VII

La La Mi Sol Do

# A°7

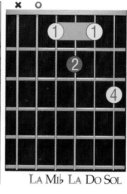

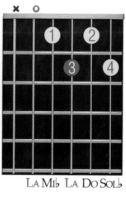

La Mi♭ La Do Sol♭

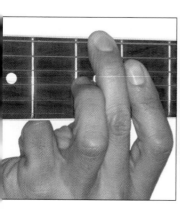

IV

La Sol♭ Do Mi♭

# A7

LA

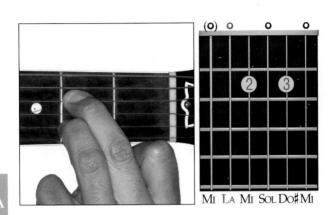

MI LA MI SOL DO# MI

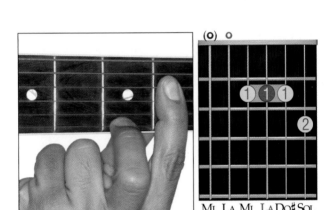

MI LA MI LA DO# SOL

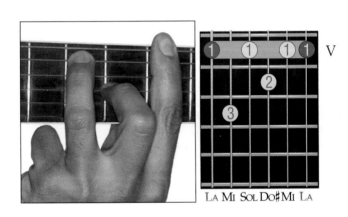

LA MI SOL DO# MI LA

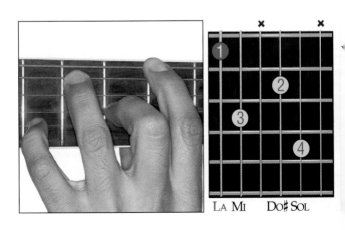

LA MI DO# SOL

208

# A7

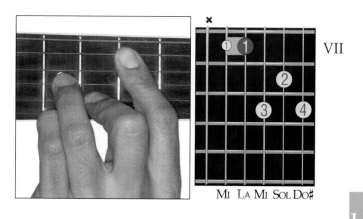

VII

MI LA MI SOL DO#

IX

SOL MI LA DO#

# A7sus4

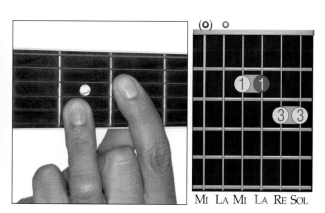

MI LA MI LA RE SOL

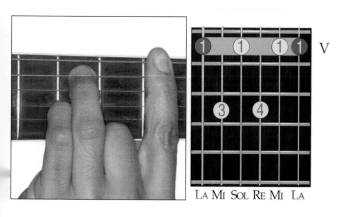

V

LA MI SOL RE MI LA

# A7♭5

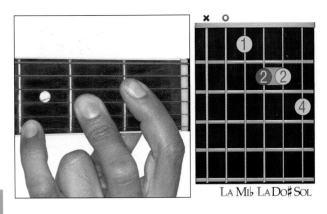

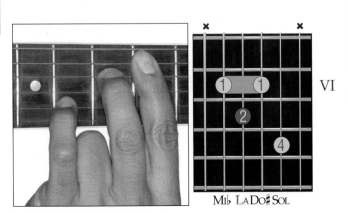

LA MI♭ LA DO♯ SOL

MI♭ LA DO♯ SOL — VI

# A7⁺

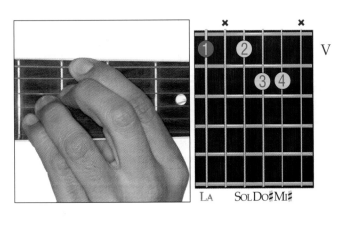

LA    SOL DO♯ MI♯ — V

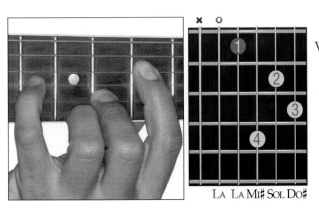

LA LA MI♯ SOL DO♯ — VI

# A9

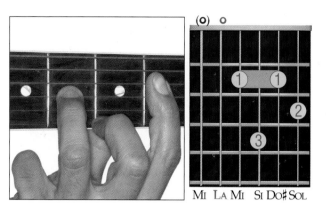

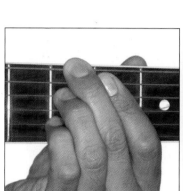

Mi La Mi Si Do# Sol

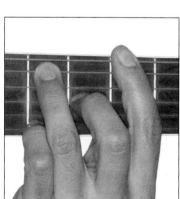

IV

La Do# Sol Si Mi

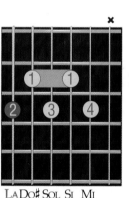

V

La Mi Sol Do# Mi Si

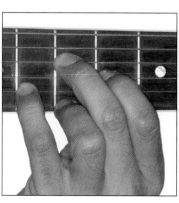

VI

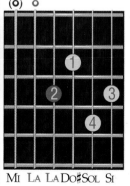

Mi La La Do# Sol Si

211

# A9sus4

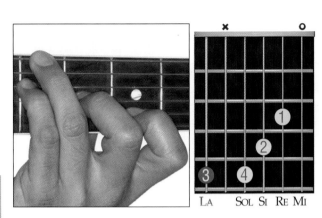

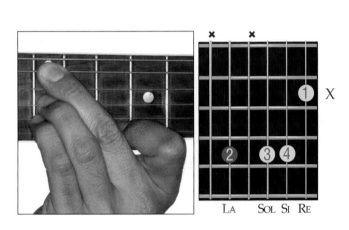

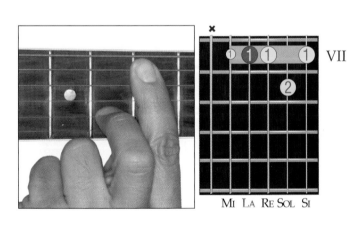

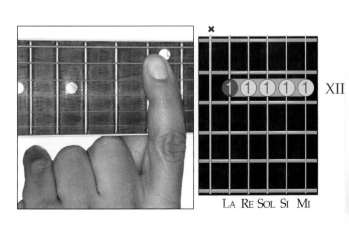

# A9♭5

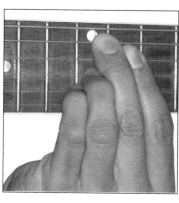
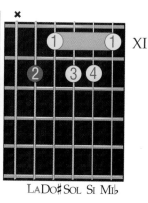

LA DO♯ SOL SI MI♭

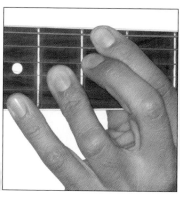
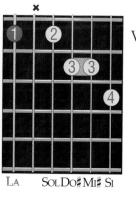

XI

LA DO♯ SOL SI MI♭

# A9⁺

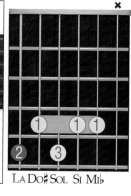

V

LA    SOL DO♯ MI♯ SI

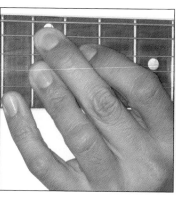
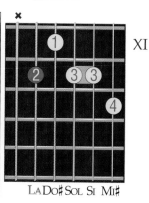

XI

LA DO♯ SOL SI MI♯

# A13

LA

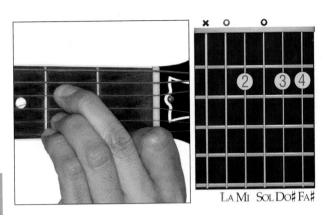

LA MI SOL DO♯ FA♯

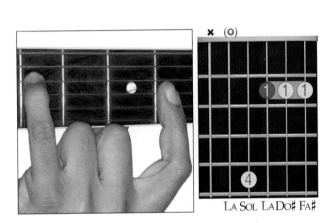

LA SOL LA DO♯ FA♯

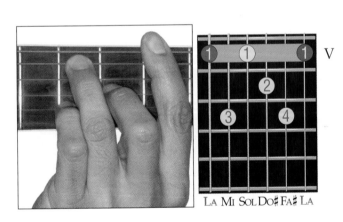

V

LA MI SOL DO♯ FA♯ LA

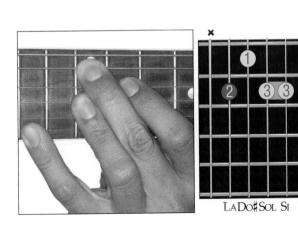

XI

LA DO♯ SOL SI FA♯

# B♭

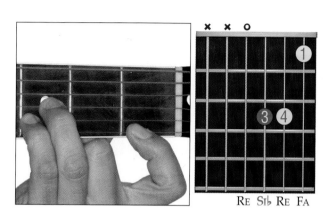

Re  Si♭  Re  Fa

III

Si♭  Re  Fa  Si♭  Re

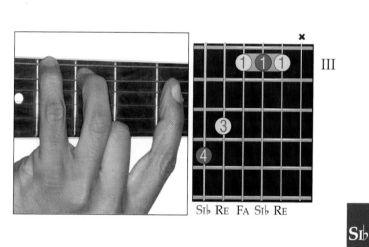

VI

Si♭  Fa  Si♭  Re  Fa  Si♭

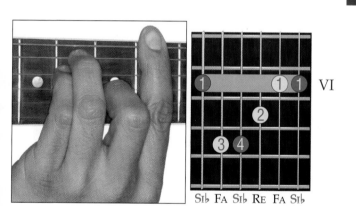

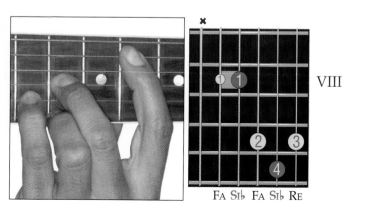

VIII

Fa  Si♭  Fa  Si♭  Re

# B♭

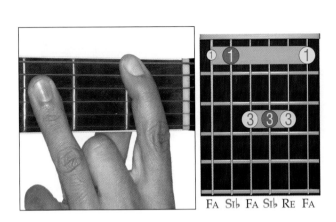

FA SI♭ FA SI♭ RE FA

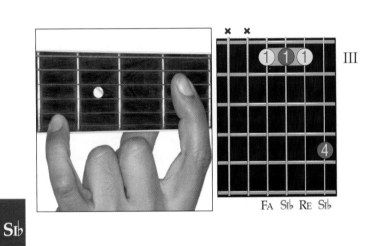

III

FA SI♭ RE SI♭

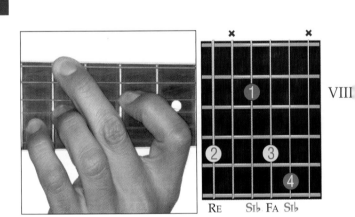

VIII

RE   SI♭ FA SI♭

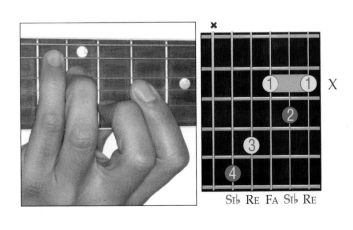

X

SI♭ RE FA SI♭ RE

# B♭sus4

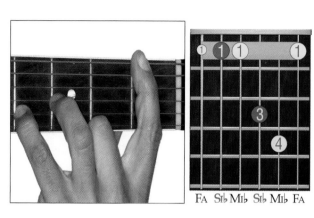

FA SI♭ MI♭ SI♭ MI♭ FA

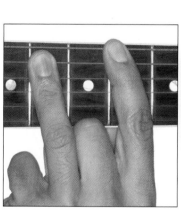

VI

SI♭ FA SI♭ MI♭ FA SI♭

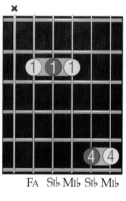

VIII

FA SI♭ MI♭ SI♭ MI♭

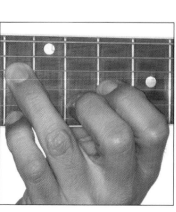

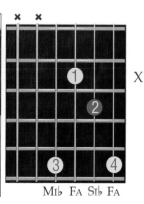

X

MI♭ FA SI♭ FA

# B♭6

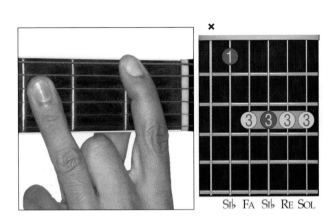

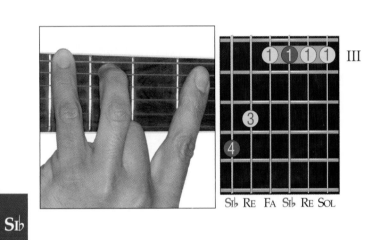

III

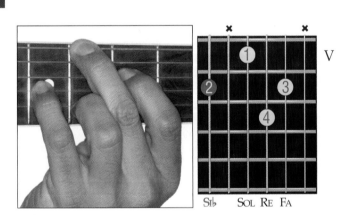

V

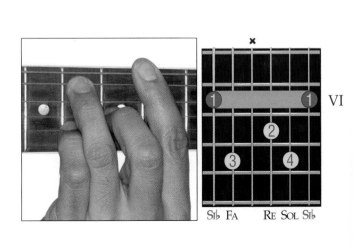

VI

# Bb⁶₉

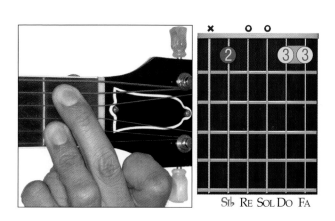

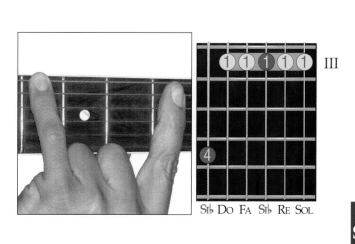

**Sɪb**

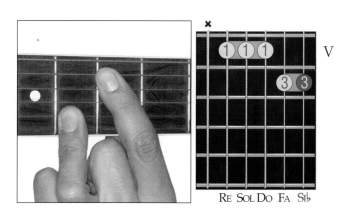

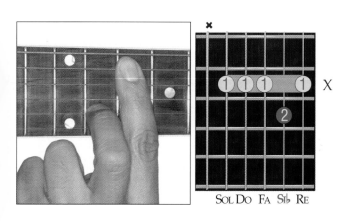

# B♭maj7

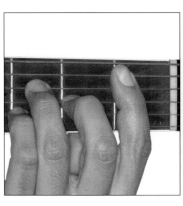

Sib Fa La Re Fa

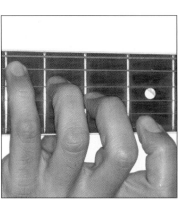
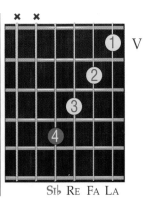

V

Sib Re Fa La

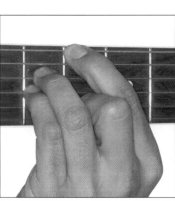

VI

Sib La Re Fa

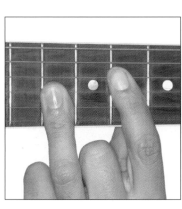

VII

Sib Fa La Re

# B♭maj9

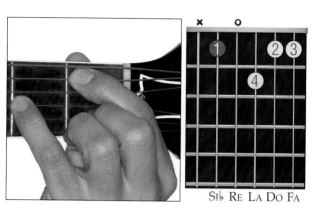

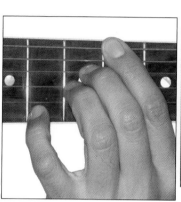

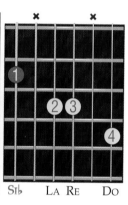

Sɪ♭ Rᴇ Lᴀ Dᴏ Fᴀ

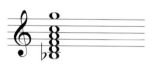

×                    ×

VI

Sɪ♭    Lᴀ Rᴇ    Dᴏ

# B♭maj13

Sɪ♭

×      ×

Sɪ♭    Lᴀ Rᴇ Sᴏʟ

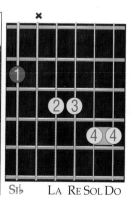

×

VI

Sɪ♭    Lᴀ Rᴇ Sᴏʟ Dᴏ

221

# B♭m

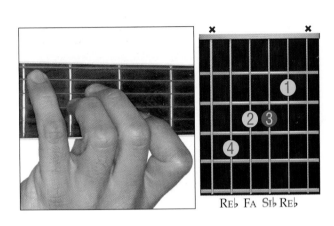

III

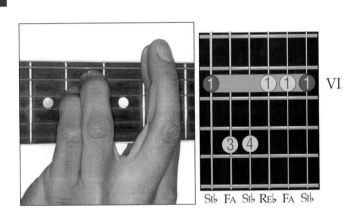

VI

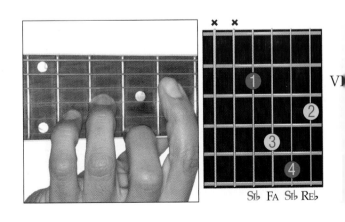

VI

# B♭m

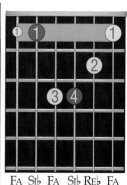

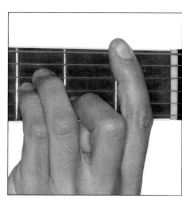

FA SI♭ FA SI♭ RE♭ FA

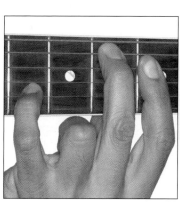

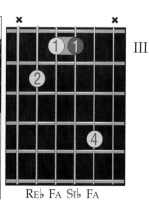

III

RE♭ FA SI♭ FA

**SI♭**

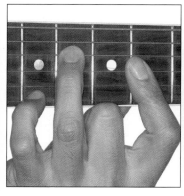

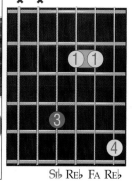

VI

SI♭ RE♭ FA RE♭

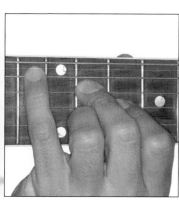

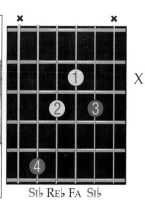

X

SI♭ RE♭ FA SI♭

# Bbm6

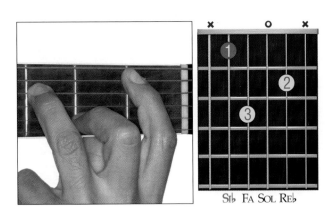

Sib Fa Sol Reb

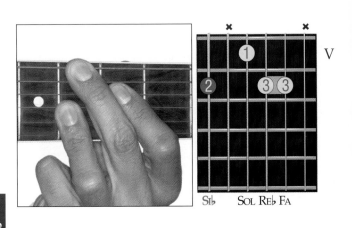

V

Sib Sol Reb Fa

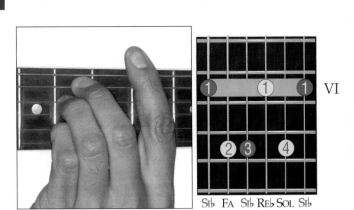

VI

Sib Fa Sib Reb Sol Sib

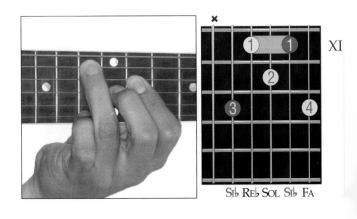

XI

Sib Reb Sol Sib Fa

# B♭m7

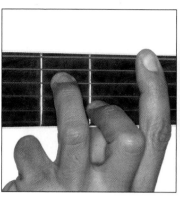
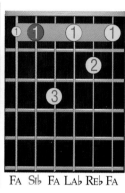

FA S♭ FA LA♭ RE♭ FA

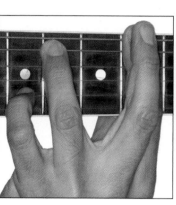
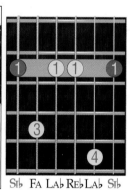

VI

S♭ FA LA♭ RE♭ LA♭ S♭

S♭

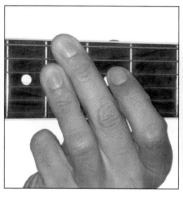

VI

S♭ LA♭ RE♭ FA

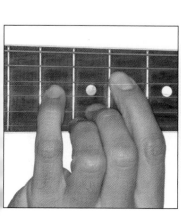
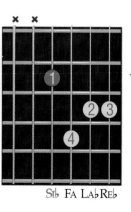

VIII

S♭ FA LA♭ RE♭

# B♭m(maj7)

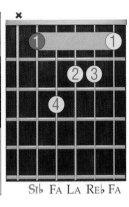

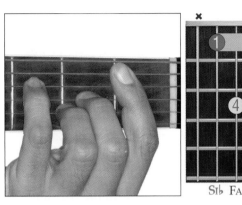

Sɪ♭ Fᴀ Lᴀ Rᴇ♭ Fᴀ

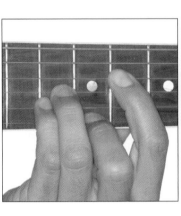

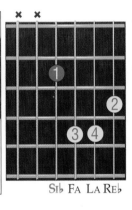

VII

Sɪ♭ Fᴀ Lᴀ Rᴇ♭

# B♭m9

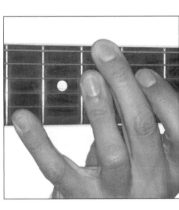

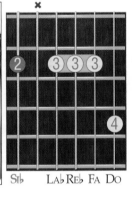

VI

Sɪ♭ Lᴀ♭ Rᴇ♭ Fᴀ Dᴏ

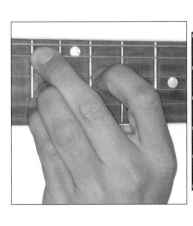

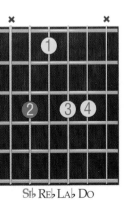

XI

Sɪ♭ Rᴇ♭ Lᴀ♭ Dᴏ

# B♭m11

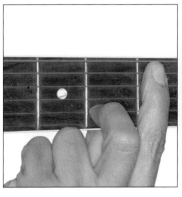

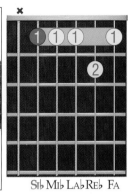

S♭ M♭ L♭ R♭ FA

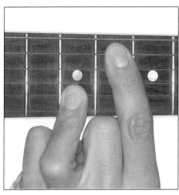

VIII

FA S♭ M♭ L♭ R♭

# B♭m13

S♭ L♭ R♭ SOL

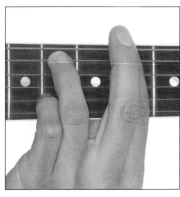

VI

S♭ FA L♭ R♭ SOL S♭

# Bbm7b5

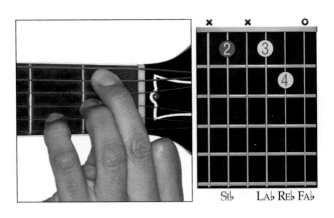

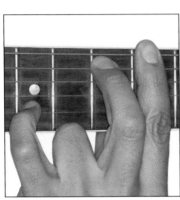

Sib    Lab Reb Fab

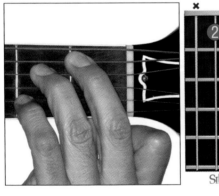

Sib FabLab RebLab Sib    VI

# Bb°7

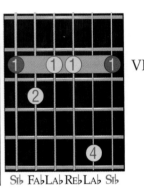

Sib FabLab Reb Fab

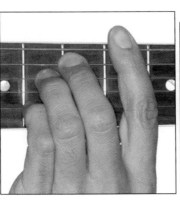

Sib Fab Sib Reb Lab Sib    VI

# Bb7

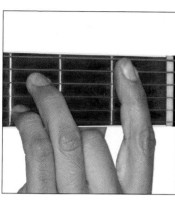
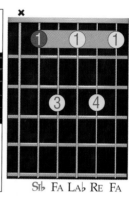

Sib FA LAb RE FA

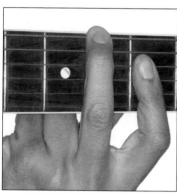
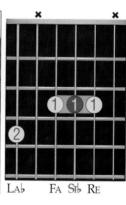

LAb FA Sib RE

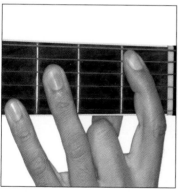
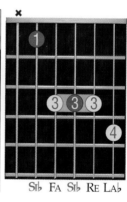

Sib FA Sib RE LAb

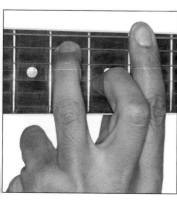
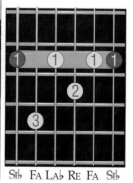

VI

Sib FA LAb RE FA Sib

# Bb7

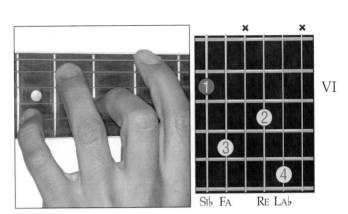

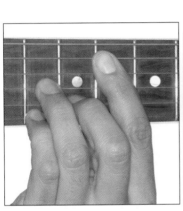

Sib Fa    Re Lab    VI

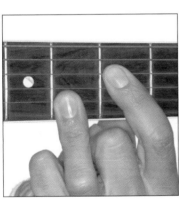

Fa Sib Fa Lab Re    VIII

# Bb7sus4

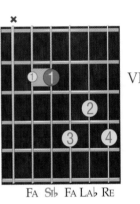

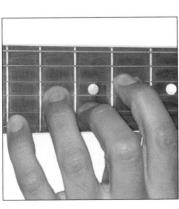

Fa Sib Mib Lab

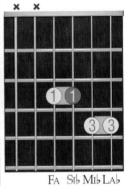

Sib Fa Lab Mib    VII

# B♭7♭5

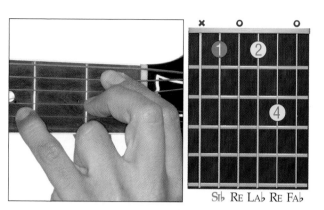

Si♭ Re La♭ Re Fa♭

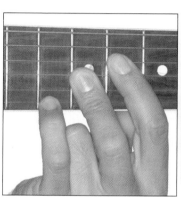
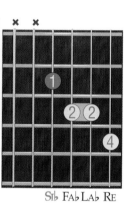

VIII

Si♭ Fa♭ La♭ Re

# B♭7+

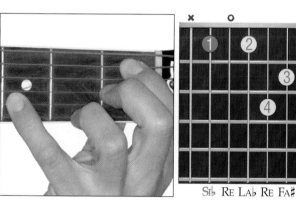

Si♭ Re La♭ Re Fa♯

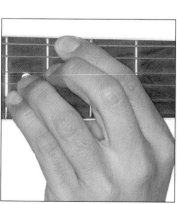

VI

Si♭ La♭ Re Fa♯

# B♭9

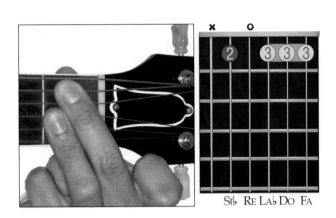

Sı♭　Re La♭ Do Fa

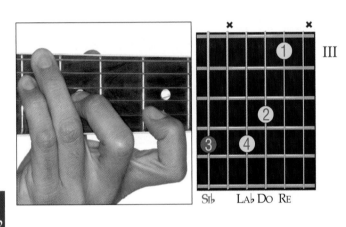

III

Sı♭　La♭ Do Re

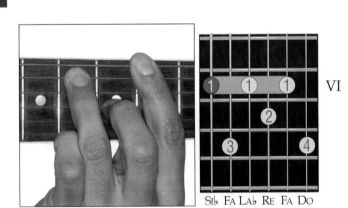

VI

Sı♭ Fa La♭ Re Fa Do

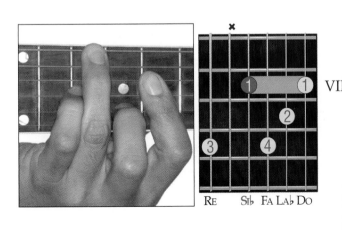

VI

Re　Sı♭ Fa La♭ Do

232

# Bb9sus4

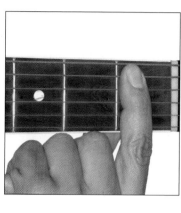
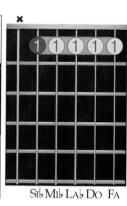

Sib Mib Lab Do Fa

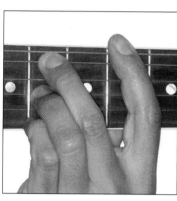
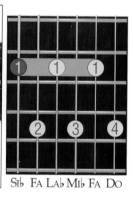

VI

Sib Fa Lab Mib Fa Do

Sib

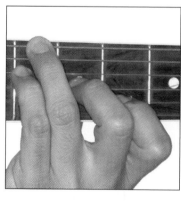
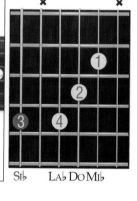

IV

Sib Lab Do Mib

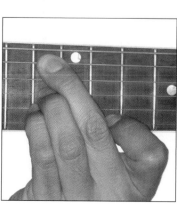
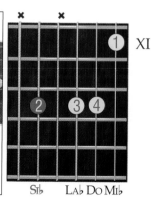

XI

Sib Lab Do Mib

# B♭9♭5

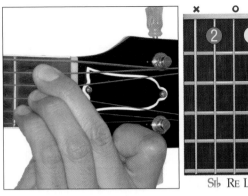

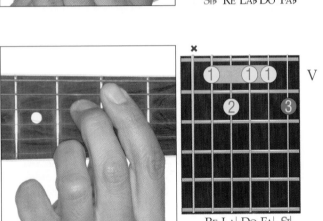

Sı♭ Re La♭ Do Fa♭

V

Re La♭ Do Fa♭ Sı♭

# B♭9+

Sı♭ Re La♭ Do Fa♯

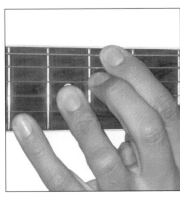

VI

Sı♭ La♭ Re Fa♯ Do

# B♭13

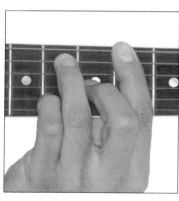

Si♭ Re La♭ Re Sol

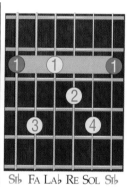

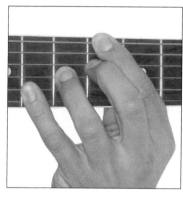

VI

Si♭ Fa La♭ Re Sol Si♭

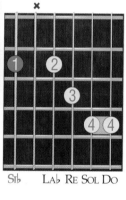

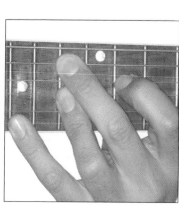

VI

Si♭ La♭ Re Sol Do

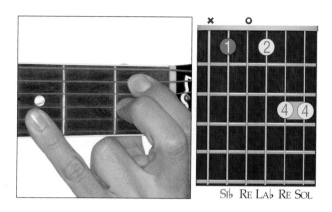

XII

Si♭ Re La♭ Do Sol

# B

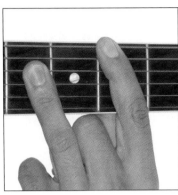
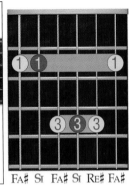

FA♯ SI FA♯ SI RE♯ FA♯

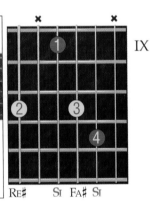

IV

FA♯ SI RE♯ SI

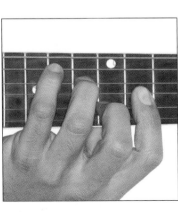

IX

RE♯ SI FA♯ SI

SI

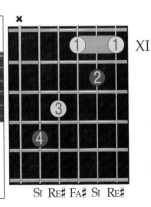

XI

SI RE♯ FA♯ SI RE♯

B

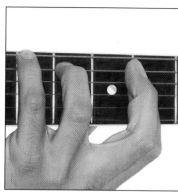
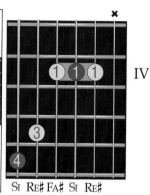

IV

Si Re# Fa# Si Re#

VII

Si Fa# Si Re# Fa# Si

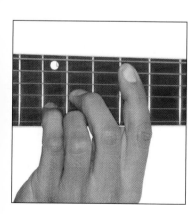
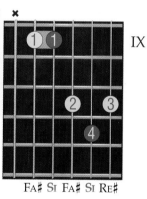

IX

Fa# Si Fa# Si Re#

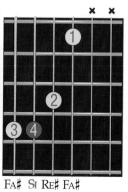

XI

Fa# Si Re# Fa#

# Bsus4

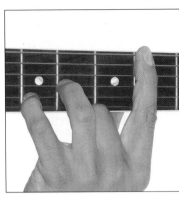

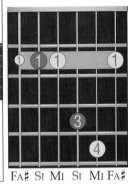

FA# SI MI SI MI FA#

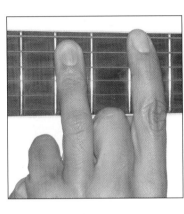

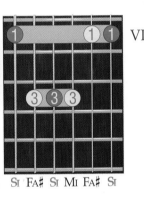

VII

SI FA# SI MI FA# SI

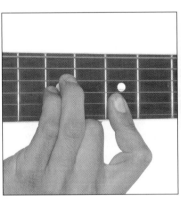

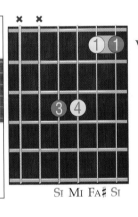

VII

SI MI FA# SI

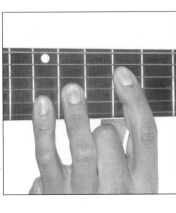

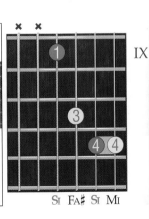

IX

SI FA# SI MI

# B6

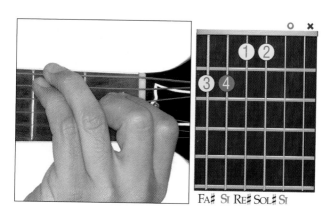

FA# SI RE# SOL# SI

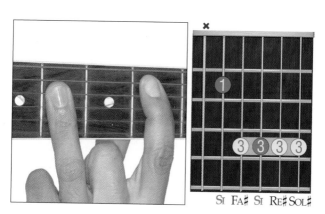

SI FA# SI RE# SOL#

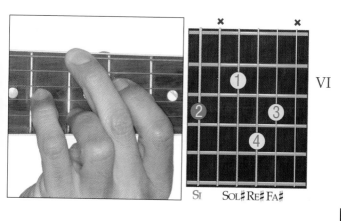

VI

SI SOL# RE# FA#

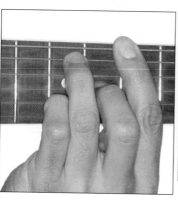

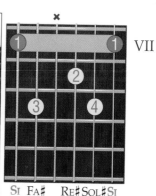

VII

SI FA# RE# SOL# SI

# B$^6_9$

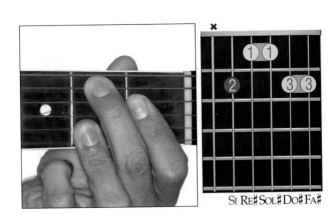

Si Re# Sol# Do# Fa#

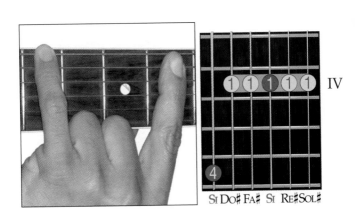

IV

Si Do# Fa# Si Re# Sol#

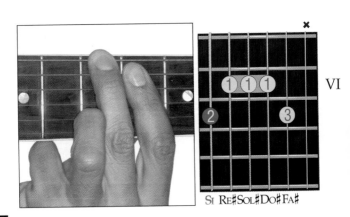

VI

Si Re# Sol# Do# Fa#

VI

Si Fa# Re# Sol# Do#

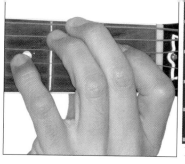
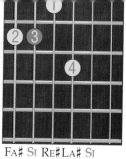

FA♯ SI RE♯LA♯ SI

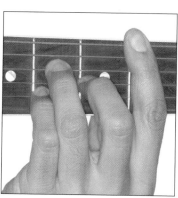
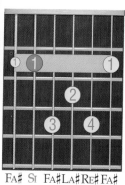

FA♯ SI FA♯LA♯RE♯ FA♯

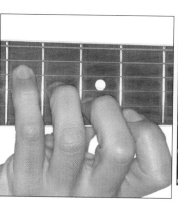
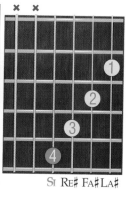

VI

SI RE♯ FA♯LA♯

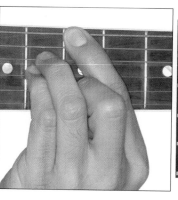

VII

SI    LA♯RE♯ FA♯

241

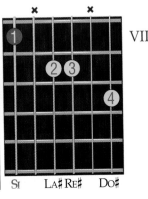

SI RE♯ LA♯DO♯ FA♯

VII

SI LA♯ RE♯ DO♯

# Bmaj13

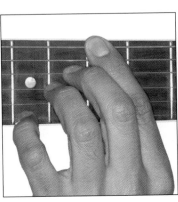

SI LA♯ RE♯ SOL♯

VII

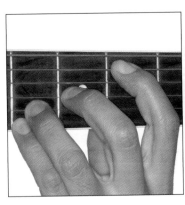

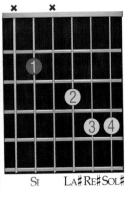

SI LA♯ RE♯ SOL♯

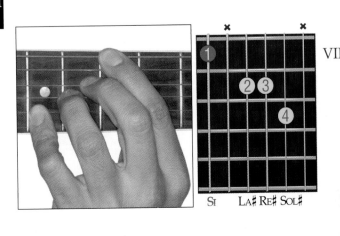

242

# Bm

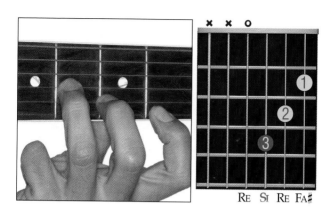

RE SI RE FA#

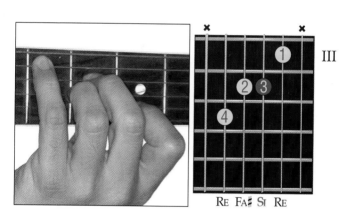

III

RE FA# SI RE

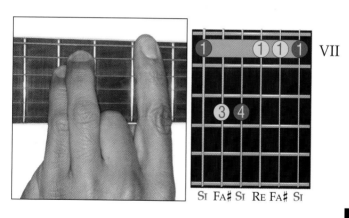

VII

SI FA# SI RE FA# SI

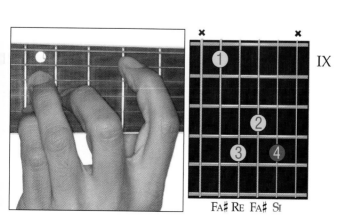

IX

FA# RE FA# SI

243

# Bm

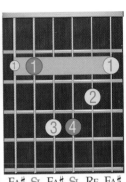

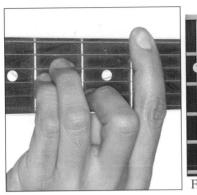
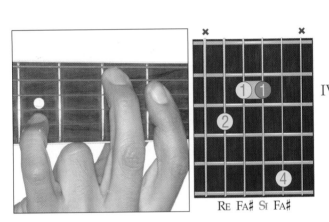

FA♯ SI FA♯ SI RE FA♯

IV
RE FA♯ SI FA♯

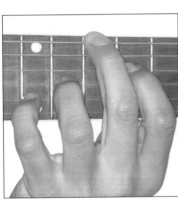
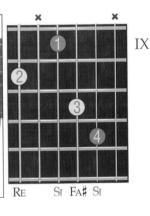

IX
RE SI FA♯ SI

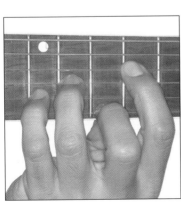
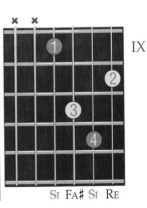

IX
SI FA♯ SI RE

# Bm6

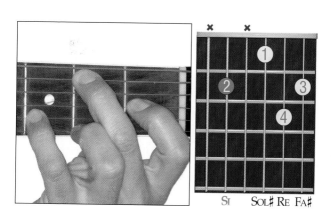

Si    Sol♯ Re Fa♯

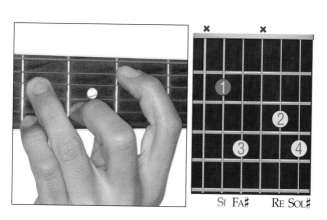

Si Fa♯    Re Sol♯

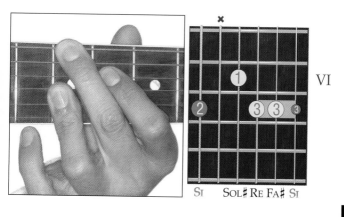

VI

Si    Sol♯ Re Fa♯ Si

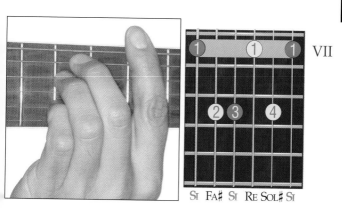

VII

Si Fa♯ Si Re Sol♯ Si

# Bm7

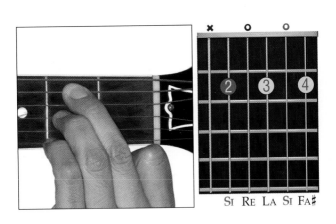

SI RE LA SI FA#

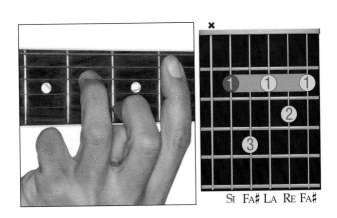

SI FA# LA RE FA#

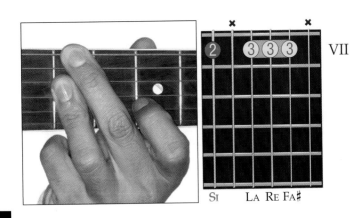

VII

SI LA RE FA#

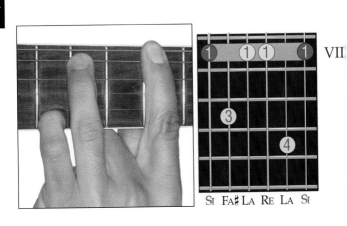

VII

SI FA# LA RE LA SI

# Bm(maj7)

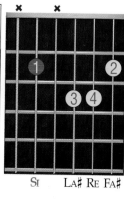

SI  LA♯ RE FA♯

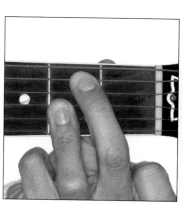

  VII

SI FA♯ LA♯ RE FA♯ SI

# Bm9

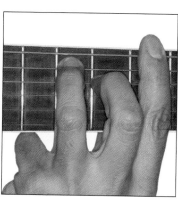

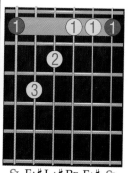

SI RE LA DO♯ FA♯

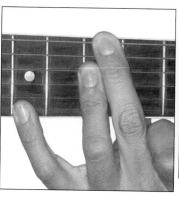

  VII

SI  LA RE FA♯ DO♯

# Bm11

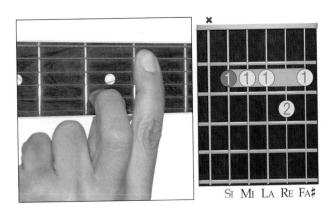

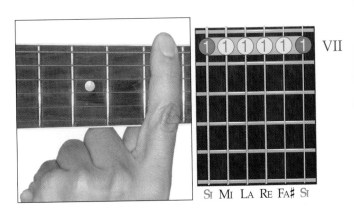

Si Mi La Re Fa♯

Si Mi La Re Fa♯ Si   VII

# Bm13

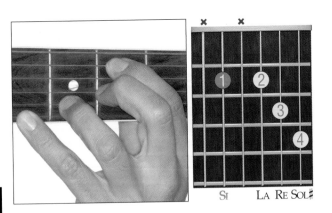

Si La Re Sol♯

Si Fa♯ La Re Sol♯ Si   VII

**Si**

248

# Bm7♭5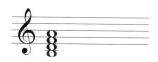

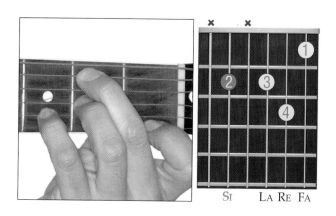

Sɪ    Lᴀ Rᴇ Fᴀ

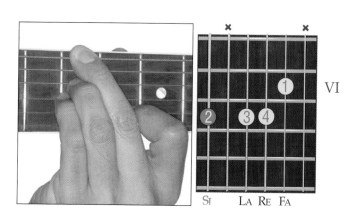

VI

Sɪ    Lᴀ Rᴇ Fᴀ

# B°7

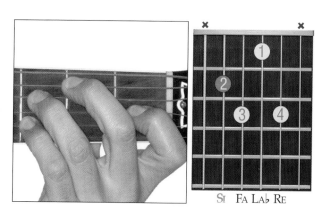

Sɪ  Fᴀ Lᴀ♭ Rᴇ

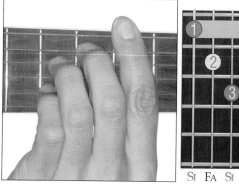

VII

Sɪ Fᴀ Sɪ Rᴇ Lᴀ♭ Sɪ

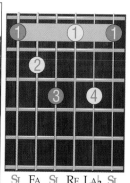

249

# B7

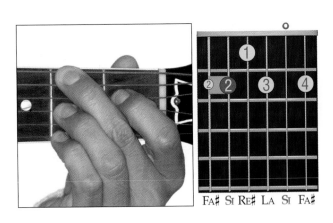

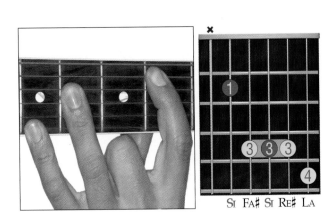

FA# SI RE# LA SI FA#

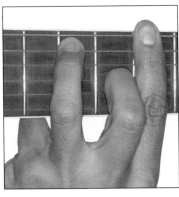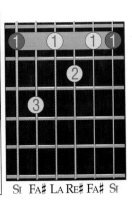

SI FA# SI RE# LA

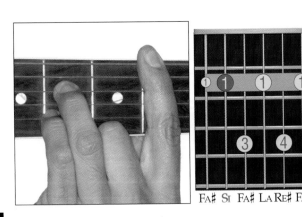

FA# SI FA# LA RE# FA#

VII

SI FA# LA RE# FA# SI

# B7

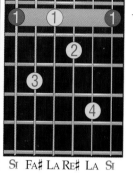

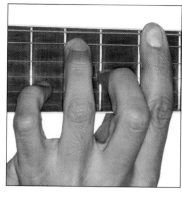

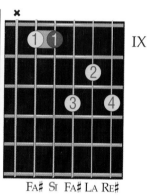
Si Fa# La Re# La Si

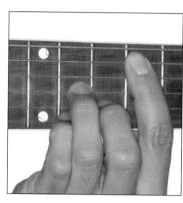
Fa# Si Fa# La Re#

# B7sus4

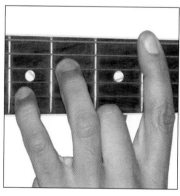
Fa# Si Fa# La Mi Fa#

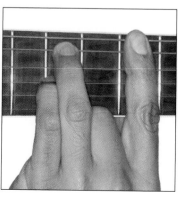

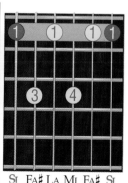
Si Fa# La Mi Fa# Si

# B7♭5

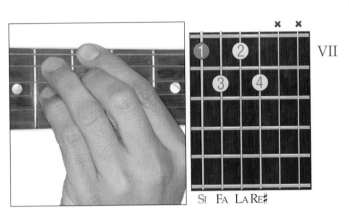

Si  Fa  La  Re♯

VII

Si  Fa  La Re♯

# B7⁺

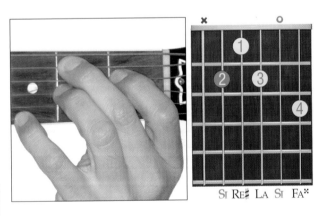

Si  Re♯  La  Si  Fa×

VII

Si  La Re♯ Fa×

# B9

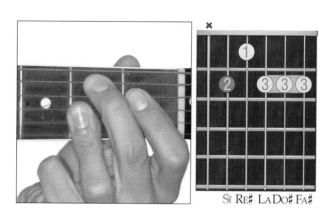

Si Re♯ La Do♯ Fa♯

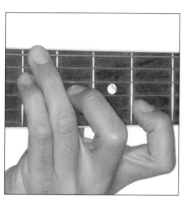

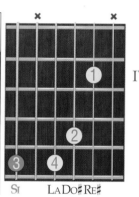

IV

Si     La Do♯ Re♯

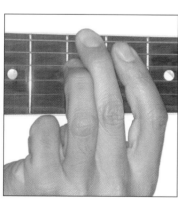

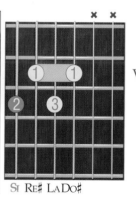

VI

Si Re♯ La Do♯

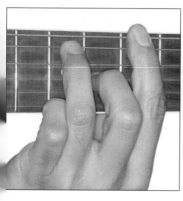

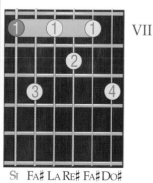

VII

Si Fa♯ La Re♯ Fa♯ Do♯

# B9sus4

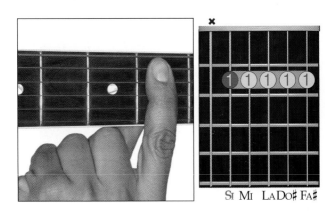

Si Mi La Do♯ Fa♯

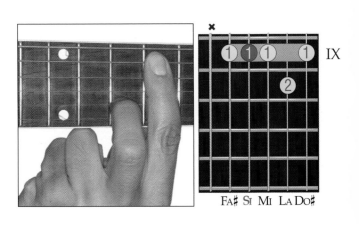

IX

Fa♯ Si Mi La Do♯

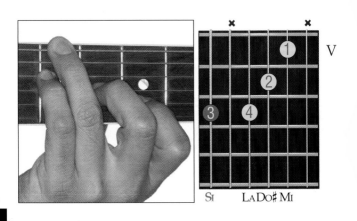

V

Si La Do♯ Mi

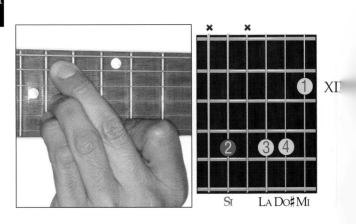

XI

Si La Do♯ Mi

# B9♭5

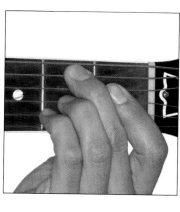

Sɪ Re♯ Lᴀ Do♯ Fᴀ

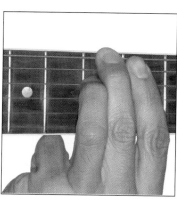

VI

Sɪ Re♯ LᴀDo♯ Fᴀ

# B9⁺

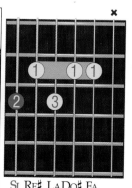

Sɪ Re♯ LᴀDo♯ Fᴀ˟

**Sɪ**

VII

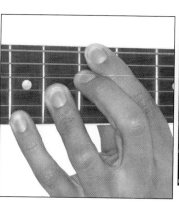

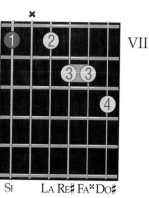

Sɪ    Lᴀ Re♯ Fᴀ˟ Do♯

# B13

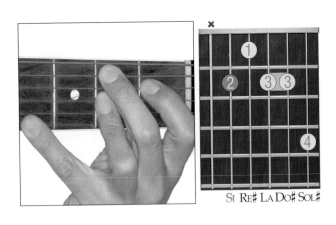

Sɪ Rᴇ♯ Lᴀ Dᴏ♯ Sᴏʟ♯

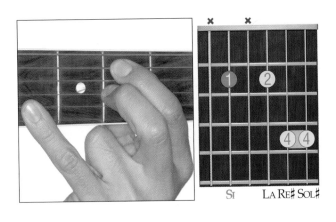

Sɪ Lᴀ Rᴇ♯ Sᴏʟ♯

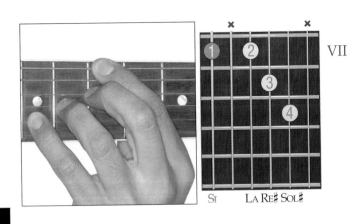

VII

Sɪ Lᴀ Rᴇ♯ Sᴏʟ♯

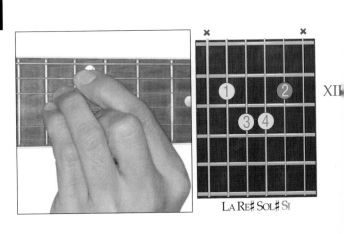

XII

Lᴀ Rᴇ♯ Sᴏʟ♯ Sɪ